मैं
सुभाष
बोल
रहा
हूँ

मैं सुभाष बोल रहा हूँ

सं. गिरिराजशरण अग्रवाल

प्रकाशक
प्रभात पेपरबैक्स
4/19 आसफ अली रोड, नई दिल्ली–110002
फोन : 23289777 • हेल्पलाइन नं. : 7827007777
इ–मेल : prabhatbooks@gmail.com ❖ वेब ठिकाना : www.prabhatbooks.com

संस्करण
2020

मूल्य
एक सौ पचास रुपए

अ.मा.पु.स. 978-93-5048-076-2

मुद्रक
नरुला प्रिंटर्स, दिल्ली

---★---

MAIN SUBHASH BOL RAHA HOON
(Thus Spake Subhash Chanra Bose)
Ed. Giriraj Sharan Agrawal

Published by **PRABHAT PAPERBACKS**
4/19 Asaf Ali Road, New Delhi-110002

ISBN 978-93-5048-076-2

₹ 150.00

हम अपने खून से अपनी स्वतंत्रता का मूल्य चुकाएँगे और ऐसा करके हम राष्ट्रीय एकता की नींव रखेंगे। अपनी आजादी को बनाए रखने में हम तभी समर्थ होंगे, जबकि इसे अपने बलिदान और खून से प्राप्त करें!

सुभाषचंद्र बोस

क्रांति का देवता

''भले ही कोई तात्कालिक और मूर्त लाभ न हो, तथापि कोई भी वेदना और बलिदान कभी निस्सार नहीं जाता। बलिदान और कष्टों के द्वारा ही कोई उद्देश्य सफल और प्रतिफलित हो सकता है। हर युग में, हर स्थान में यह शाश्वत नियम लागू होता है कि शहीद के खून से ही धर्म अंकुरित होता है।'' ये शब्द हैं क्रांति के अमर देवता सुभाषचंद्र बोस के, जिनका जीवन साम्राज्यवाद के विरुद्ध संघर्ष का प्रतीक बन गया है।

बारह वर्ष की अवस्था में, हैजे-महामारी से पीड़ित ग्राम जाजपुर में उन्होंने ब्रिटिश शासन की निष्क्रियता और उपेक्षा को खुली आँखों से देखा। गाँव-का-गाँव मृत्यु का ग्रास बनता जा रहा था, किंतु सरकार के कान पर जूँ तक न रेंगी। छात्र-जीवन में एक अंग्रेज अध्यापक से भारतीयों के लिए 'ब्लैक मंकी' शब्द सुनकर उनका खून खौल गया और उनका हाथ अंग्रेज अध्यापक के गाल पर छप गया था। पिता के अत्यधिक आग्रह पर उन्होंने इंग्लैंड जाकर आई.सी.एस. की परीक्षा प्रथम श्रेणी में उत्तीर्ण की, किंतु स्वदेश लौटकर सुख-सम्मान की उस बड़ी नौकरी को ठोकर मारकर स्वयं को आजादी की लड़ाई में झोंक दिया।

उन्होंने अपने भाई शरतचंद्र को लिखा था—'हम जिस राष्ट्रीय मुक्ति की कामना करते हैं; वह त्याग और कष्ट-सहन के रूप में अपनी कीमत लिए बिना नहीं मिल सकती। यह अनुभव करने के लिए जिनके पास हृदय है और कष्ट सहने के अवसर हैं, उन्हें पूजा के पुष्प लेकर आगे आना चाहिए।' उनका मत था कि केवल त्याग और कष्ट-सहन की धरती पर ही राष्ट्र के उत्थान की नींव डाली जा सकती है।

सुभाष महान् देशभक्त थे। ब्रिटिश दासता से मुक्ति और पूर्ण स्वातंत्र्य उनका

लक्ष्य था। बर्लिन रेडियो से एक प्रसारण में उन्होंने कहा था, 'अपने जीवन की अंतिम साँस तक मैं मातृभूमि की सेवा करता रहूँगा और उसके लिए बड़े-से-बड़ा बलिदान करने से न झिझकूँगा। मेरे लिए भारत का हित सर्वप्रिय है, चाहे मैं संसार के किसी भी भाग में हूँ।'

सुभाष को भारतीय संस्कृति में अटूट विश्वास था। वे कहते थे कि मैं उन लोगों में नहीं हूँ, जो आधुनिकता के जोश में अपने अतीत के गौरव को भूल जाते हैं। हमारे पास विश्व को देने के लिए दर्शन, साहित्य, कला और विज्ञान में बहुत कुछ है और सारा संसार हमारी ओर टकटकी लगाए देख रहा है।

ऐसे अमर बलिदानी, राष्ट्रभक्त और क्रांतिकारी विचारक नेताजी सुभाष की चिंतनधारा से अपने देश की होनहार छात्र-युवा पीढ़ी को परिचित-प्रेरित कराने के शुभ संकल्प से यह संकलन प्रस्तुत है।

नेताजी का साहित्य अधिकतर अंग्रेजी और बँगला में ही उपलब्ध है। हिंदी-साहित्य की यह कमी पूरी करने के लिए इस रचना का स्वागत होगा, ऐसा विश्वास है।

—गिरिराजशरण अग्रवाल

सुभाषचंद्र बोस

संभव है कि सुभाष हमारे इतिहास के अवतारी पुरुष माने जाएँ; यदि ऐसा न भी हो तब भी यह निश्चित है कि जनमानस उन्हें बहुत काल तक भुला नहीं सकेगा। इसका कारण है, सुभाष का वह क्रांतिकारी दृष्टिकोण, जिसने भारत और विशेषकर बंगाल के राजनीतिक इतिहास को नए आयाम दिए।

सुभाष के पिताश्री जानकीदास बोस कटक में वकालत करते थे। वकालत में उनकी प्रतिभा का लोहा दूर-दूर तक माना जाता था, परिणामस्वरूप शीघ्र ही उन्हें सरकारी वकील का पद प्राप्त हो गया। सुभाष की माता का नाम प्रभावती था। वह धर्मपरायण महिला थीं और रामकृष्ण परमहंस का उनके जीवन पर विशेष प्रभाव था।

सुभाष का जन्म इसी संपन्न परिवार में 23 जनवरी, सन् 1897 को हुआ। वह अपनी माता के सातवें पुत्र थे। भरे-पूरे परिवार में सुभाष के साथ सात भाई और छह बहनें थीं।

उस समय के अधिकांश माता-पिताओं की भाँति सुभाष के पिता का भी यह विश्वास था कि उनके बच्चों का भविष्य अंग्रेजी शिक्षा में है। इसी कारण उन्होंने अपने बच्चों को मिशनरी स्कूलों में भेजा।

सुभाष ने बाल्यावस्था से ही अपने अंदर दो भिन्न आकर्षण अनुभव किए—एक, भारतीय और दूसरा, पश्चिमी। एक के मूल में उनके पिता की विचारधारा थी और दूसरे का उद्गम-स्थल उनकी माँ और उनके शिक्षक थे। पहले माँ और बाद में रेवन शॉ कॉलेज के उनके शिक्षक श्री बेनीमाधव दास ने भारत की महान् सांस्कृतिक परंपराओं के प्रति उन्हें सजग किया था।

स्कूली जीवन में सुभाष ने उन्हीं सिद्धांतों का दृढ़ता से पालन किया, जिन्हें वह मूल्यवान समझते थे। कलकत्ता के प्रेसीडेंसी कॉलेज में प्रवेश के समय उनका स्वभाव

कॉलेज के अन्य विद्यार्थियों से एकदम भिन्न था। उन्होंने प्रेसीडेंसी कॉलेज के दब्बू वातावरण में एक सूरमा की भाँति प्रवेश किया। उनको एक प्रतिभाशाली युवक और देशभक्त के रूप में ख्याति प्राप्त हुई।

तभी एक ऐसी घटना घट गई, जिसने सारे विद्यालय में सनसनी पैदा कर दी। विद्यालय के प्राध्यापक मि. एम.ई. ओटेन ने अपने एक भाषण में भारतीयों के विषय में अपमानजनक बातें कह दीं। यह भाषण विद्यार्थियों के समक्ष दिया गया था। भारतीयों का यह अपमान सुभाष की सहन-शक्ति से परे था। उन्होंने आगे बढ़कर प्राध्यापक का गला पकड़ लिया।

कॉलेज में तहलका मच गया। एक अंग्रेज प्रोफेसर का एक भारतीय छात्र अपमान कर दे, यह कोई छोटी बात न थी। शासक-दल के लिए यह बहुत बड़ी चुनौती थी।

अंग्रेज अधिकारी इस विद्रोह से चौंक उठे। इस घटना का एक ही परिणाम सुभाष के लिए हो सकता था। उन्हें विद्यालय से निकाल दिया गया।

पिता ने पुत्र के इस व्यवहार को उचित नहीं कहा। किंतु सुभाष के मन में स्वतंत्र भारत का संकल्प और दृढ़ हो गया।

सन् 1917 में कलकत्ता विश्वविद्यालय के उपकुलपति सर आशुतोष मुखर्जी के प्रयास से सुभाष को स्कॉटिश चर्च कॉलेज में प्रवेश प्राप्त हुआ। सन् 1919 में उन्होंने दर्शनशास्त्र में बी.ए. किया। इस परीक्षा को प्रथम श्रेणी में उत्तीर्ण करने के बाद वह एम.ए. करना चाहते थे, किंतु पिता की इच्छा थी कि वह इंग्लैंड जाकर आई.सी.एस. की परीक्षा पास करें। यद्यपि सुभाष अंग्रेजों की मनोवृत्ति पहचान चुके थे और उनकी सेवा में जाना नहीं चाहते थे, किंतु पिता की इच्छा और उनकी प्रताड़ना के कारण उन्होंने स्वीकृति दे दी।

15 सितंबर, 1916 को सुभाष समुद्री जहाज द्वारा इंग्लैंड के लिए रवाना हो गए। उन्होंने अपने पिता को वचन दिया था कि वह भारतीय सिविल सर्विस की परीक्षा में बैठेंगे और सफल भी होंगे।

सुभाष ने थोड़ा सा समय भी नहीं गँवाया। उनको जो उलाहना दिया गया था, उसका उत्तर देना आवश्यक था।

सुभाष ने इंग्लैंड में अनेक भारतीय विद्यार्थियों को देखा और उनकी गतिविधियों का निरीक्षण किया। उनकी गतिविधियाँ देखकर वह उद्विग्न हो उठते थे। उनके रहन-सहन और व्यवहार से सुभाष का मन दुःख से भर उठता था। वह सोचते, एक ओर भारत परतंत्रता की बेड़ियों में जकड़ा हुआ है और दूसरी ओर ये भारतीय छात्र यहाँ

पर राजकुमारों जैसा जीवन व्यतीत कर रहे हैं। उन छात्रों को लंदन के बड़े-बड़े और खर्चीले होटलों में दावत उड़ाते और वहाँ की फैशनेबल स्त्रियों के साथ समय बरबाद करते देख सुभाष का मन व्याकुल हो उठता था।

आठ महीने की छोटी सी अवधि में सुभाष बाबू ने आई.सी.एस.की परीक्षा के साथ-साथ कैंब्रिज विश्वविद्यालय से दर्शनशास्त्र में ऑनर्स की परीक्षा भी उत्तीर्ण कर ली।

वह खुश थे। उन्होंने अपने पिता को दिया प्रण पूरा किया था। अंग्रेजों से मुकाबले में वह जीत गए थे। परंतु वास्तविक समस्या का समय तो उनके सामने अब आया था। मन संकल्प-विकल्प में झूल रहा था—सरकारी नौकरी की जाए अथवा नहीं? वह अपने स्वप्नों को छोड़कर नौकरी करें और आराम का जीवन व्यतीत करें, अथवा राष्ट्रहित में इस पद का त्याग कर दें? इसी ऊहापोह में कई दिन बीत गए। तभी उन्होंने अपने भाई श्री शरतचंद्र बसु को लिखा—

'मेरा यह विचार है कि आई.सी.एस. वर्ग के प्रत्येक व्यक्ति को नौकरी के कानून से जिस प्रकार बँधकर चलना पड़ता है, उसके साथ जीवन के उच्चादर्श को स्थिर रखने की चेष्टा करना—अपने-आपको धोखा देने के अतिरिक्त कुछ नहीं है।'

'साधारण लोगों के जीवन में जिसको जीवन की उन्नति कहा जाता है, उसके द्वार पर खड़े होकर मेरे मन की जो दशा हुई है—वह आप समझ रहे हैं। इस नौकरी के पक्ष में कहने को बहुत कुछ हो सकता है। प्रत्येक दिन असंख्य लोग जिस अन्न-चिंता से कष्ट पा रहे हैं, इससे वह चिंता सदैव के लिए समाप्त हो जाएगी। जीवन की सफलता या असफलता के संबंध में कोई संदेह या शंका भी नहीं रह जाएगी। परंतु मेरे जैसे विचारवालों के लिए, जिनका जीवन एक अजीब बेढंगापन लिए हो, निश्चिंत जीवन बिताना ही श्रेष्ठ मार्ग नहीं है। सांसारिक उच्चाकांक्षा जिसके जीवन में पथ-प्रदर्शन का कार्य नहीं करती, उसके लिए संशय एवं विपदाएँ उतनी भयानक नहीं होतीं। यह बात सत्य है कि सिविल सर्विस की शृंखला में बँधकर, देश के लिए वास्तविक कार्य करना असंभव है। सिविल सर्विस के कानूनों का अनुगामी होकर, राष्ट्रीय तथा आध्यात्मिक भावों को उसमें मिलाया नहीं जा सकता।'

'…इसके अतिरिक्त, यहाँ वास्तविक प्रश्न नीति का है। नीति के अनुसार मैं इस शासन-यंत्र का पुर्जा होने की बात सोच भी नहीं सकता। कट्टरपन, मनमानी, हृदयहीनता और चालाकी से यह शासन-तंत्र भरा हुआ है और इसके वास्तविक उद्देश्य के दिन अब बीत चुके हैं।'

इसी के साथ उन्होंने विख्यात बंगाली नेता देशबंधु चितरंजन दास से भी पत्र–व्यवहार शुरू कर दिया और उन्हें अपनी सेवाएँ अर्पित कर दीं। अपने एक पत्र में सुभाष बाबू ने देशबंधु को लिखा—

'सरकारी नौकरी करने की मेरी इच्छा नहीं है।...मैं यह जानता हूँ कि यदि नौकरी छोड़कर, कमर कसकर देश के कामों में लग जाऊँ, तो करने योग्य बहुत से काम मिल जाएँगे। जैसे राष्ट्रीय विद्यालय में शिक्षण, पुस्तक तथा समाचार–पत्र का प्रणयन–प्रकाशन, ग्राम्य समिति की स्थापना, जन–साधारण में शिक्षा का प्रसार आदि। परंतु यदि मैं, घर में यह बता सकूँ कि वस्तुतः मैं करना क्या चाहता हूँ, तो नौकरी छोड़ने के संबंध में सहज ही अनुमति प्राप्त कर सकूँगा। यदि आपकी अनुमति लेकर मैं नौकरी छोड़ सकूँ, तो आपकी इच्छानुसार मैं किसी भी कार्य में लग सकता हूँ।...मैं यह जानना चाहता हूँ कि इस स्वदेश–सेवा–यज्ञ में आप मुझे किस काम में लगा सकते हैं ?...हमारे देश में कौन–कौन से काम करने का अवसर होगा—यह यहाँ से अनुमान नहीं लगाया जा सकता।...मेरी इच्छा, स्पष्ट योजना लेकर नौकरी छोड़ने की है। यदि ऐसा हो सके तो नौकरी छोड़ने के पश्चात् मुझे सोचने में समय नष्ट नहीं करना पड़ेगा, और मैं तुरंत ही कार्य–क्षेत्र में उतर सकूँगा।'

अंततः सुभाष ने निर्णय ले लिया कि वह किसी भी दशा में नौकरी स्वीकार नहीं करेंगे। उन्होंने निश्चय किया—'एक बार प्रतिज्ञा–पत्र पर हस्ताक्षर करके, तीन वर्ष काम करूँ अथवा तीन दिन, इससे कुछ अंतर नहीं पड़ता। इससे मनुष्य का अधःपतन होता है और आदर्श की हानि भी।'

और 22 अप्रैल, 1921 को सुभाष ने आई.सी.एस. से अपना त्यागपत्र दे दिया। लंदन स्थित इंडिया–ऑफिस में तहलका मच गया, क्योंकि अभी तक के इतिहास में यह अपनी तरह की बिलकुल नई घटना थी।

भारतीय सिविल सर्विस से त्यागपत्र देकर अपने देश के उत्थान के लिए संकल्पबद्ध होकर सुभाष 16 जुलाई, 1921 को बंबई बंदरगाह पर उतरे। बंबई में उतरने पर वह सबसे पहले लेबरनम रोड गए, जहाँ महात्मा गांधी ठहरे हुए थे और वहीं उनके द्वारा प्रवर्तित कार्यक्रम पर उनकी लंबी और महत्त्वपूर्ण बातचीत हुई।

सुभाष के मन में प्रश्न–ही–प्रश्न थे। वह उनका संतोषजनक उत्तर चाहते थे। वह जानना चाहते थे कि गांधीजी भारत से अंग्रेजों का प्रभुत्व समाप्त करने के लिए कौन सा साधन अपनाना चाहेंगे ? उनकी योजना क्या है ? सुभाष बाबू ने प्रश्नों की झड़ी सी लगा दी। सारी बातचीत में केवल एक प्रश्न का उत्तर संतोषजनक मिला, उससे भी वह पूरी तरह संतुष्ट न हो पाए।

गांधीजी ने उनकी परेशानी को समझा और उनको कलकत्ता जाकर देशबंधु चितरंजन दास से मिलने की सलाह दी।

कांग्रेस में सम्मिलित होने के बाद उन्होंने जो सबसे पहला महत्त्वपूर्ण राजनीतिक कार्य किया, वह 1921 में प्रिंस ऑफ वेल्स के भारत आने पर उनका 'बहिष्कार' संगठित करना था। कांग्रेस उच्च कमान के निर्णय पर आयोजित यह बहिष्कार देश-भर में ऐसा सफल रहा कि सरकार घबरा गई और पुलिस ने देशबंधु चितरंजन दास, सुभाषचंद्र बोस तथा सैकड़ों अन्य लोगों को गिरफ्तार कर लिया। सुभाष दिसंबर, 1921 में पहली बार जेल गए और यह कहा जाता है कि 1921 से 1941 में भारत छोड़कर जर्मनी जाने के समय तक, यानी बीस वर्ष के काल में वह कम-से-कम ग्यारह बार गिरफ्तार हुए थे।

सन् 1932 में देशबंधु चितरंजन दास ने कलकत्ता नगर निगम के चीफ एक्जीक्यूटिव अफसर के रूप में सुभाष की नियुक्ति की। देशबंधु नगर निगम के सर्वप्रथम मेयर थे। सुभाष बाबू ने अपनी प्रतिभा से इस पद को गौरवान्वित किया और योग्य प्रशासक के रूप में अच्छी ख्याति अर्जित की। किंतु वह केवल पाँच माह ही इस पद पर रह सके। सन् 1924 के अक्तूबर माह में लार्ड लिटन ने बंगाल आर्डिनेंस एक्ट निकाला। सुभाष ने इसका विरोध किया। आंदोलन की भाषा में बोलने के कारण सुभाष को भी बंदी बना लिया गया, और बिना कोई मुकदमा चलाए उन्हें बर्मा की मांडले जेल में भेज दिया गया। वह वहाँ ढाई वर्ष तक रहे। सन् 1927 में उनका स्वास्थ्य बहुत खराब हो गया। उनके फेफड़ों में खराबी आ गई तथा वजन 40 पौंड कम हो गया। सरकार को बिना किसी शर्त के उन्हें छोड़ना पड़ा। उनके स्वास्थ्य की हालत देखकर उनके बड़े भाई शरदचंद्र बोस की आँखों में आँसू भर आए थे। शीघ्र ही स्वास्थ्य-लाभ कर सुभाष बाबू फिर कांग्रेस की गतिविधियों में सक्रिय हो गए।

सन् 1930 के सविनय अवज्ञाकाल में उन्हें पुनः जेल का आमंत्रण मिला। सितंबर, सन् 1931 में वह जेल से मुक्त हुए। दिसंबर, सन् 1931 में गांधीजी गोलमेज सम्मेलन से निराश लौटे। आंदोलन पुनः शुरू कर दिया गया और 4 फरवरी, सन् 1932 को सुभाष पुनः बंदी बना लिए गए। इस बीच सुभाष का पुराना क्षय रोग उभर आया। उन्हें भुवाली सैनिटोरियम में रखा गया, लेकिन उनके स्वास्थ्य में कोई सुधार नहीं हुआ। भुवाली के मेडिकल बोर्ड और लखनऊ के सिविल सर्जन ने सुभाष को स्विट्जरलैंड या फ्रांस जाने का सुझाव दिया। सरकार ने बहुत दिनों तक कोई निर्णय नहीं लिया। आखिरकार अधिकारियों ने अनुभव किया कि सुभाष की मृत्यु विप्लव का कारण बन सकती है। तब उन्हें विदेश में चिकित्सा हेतु जाने की स्वीकृति प्राप्त हुई।

सुभाष के ऊपर यह प्रतिबंध लगाया गया कि विदेश जाते समय वह अपने माता-पिता से भी नहीं मिल सकते। सन् 1934 में सुभाष को पिता की अस्वस्थता का समाचार मिला। वह व्याकुल हो उठे। सरकार की निर्दयता पर उन्हें असीम क्रोध आया और सरकार की आज्ञा के बिना अपने मरणासन्न पिता को देखने के लिए भारत लौट आए। सरकारी कानून के इस उल्लंघन के कारण उन्हें घर में ही नजरबंद कर दिया गया। एक बड़ा ऑपरेशन कराने के लिए सन् 1934 में वह उत्तरी यूरोप चले गए, जहाँ पर वह 1936 तक रहे। इस बीच उन्होंने बियना में भारतीय विद्यार्थियों द्वारा आयोजित एक सम्मेलन में भाग लिया और रोम में हुए एक एशियाई विद्यार्थी-सम्मेलन को संबोधित किया, जिसका उद्घाटन मुसोलिनी ने किया था।

भारत लौटने पर उन्हें बिना शर्त रिहा कर दिया गया। 1937 में वह फिर यूरोप गए। वह अभी विदेश में ही थे कि उन्हें जनवरी, 1938 में भारतीय राष्ट्रीय कांग्रेस का सभापति चुन लिया गया। फरवरी, सन् 1938 में भारत लौटकर सुभाष ने हरिपुरा (गुजरात) के कांग्रेस अधिवेशन का सभापतित्व किया, जो उनके जीवन की ही नहीं वरन् भारतीय स्वतंत्रता-संग्राम की एक अर्थपूर्ण युगांतरकारी घटना सिद्ध हुई।

उन्होंने देश को स्वतंत्रता के लिए कड़ा संघर्ष करने का आह्वान किया। अपने उग्र क्रांतिकारी स्वभाव के कारण उन्होंने ब्रिटिश शासन को परेशानी में डाल दिया। उन्होंने देश की जनता को सच्चे अर्थों में स्वतंत्रता की भावना से परिचित कराया।

सन् 1939 में कांग्रेस का 44 वाँ अधिवेशन त्रिपुरी में हुआ। कांग्रेस की अध्यक्षता में उनका संघर्ष गांधीजी के प्रतिनिधि डॉ. पट्टाभि सीतारामैया के साथ हुआ। चुनाव में सुभाष बाबू विजयी हुए। उनके चुनाव को गांधीजी के समर्थक सहन नहीं कर सके। आंतरिक संघर्ष समाप्त करने के उद्देश्य से सुभाष बाबू ने अप्रैल, 1939 में कांग्रेस के सभापति पद से त्यागपत्र दे दिया और मई, 1939 में फारवर्ड ब्लॉक की स्थापना करके अपने को कांग्रेस से अलग कर लिया।

सुभाष ने इस नए संगठन की स्थापना इसलिए की थी, ताकि वह युवकों और वामपंथियों का समर्थन अपने पक्ष में कर सकें और कांग्रेस के अंदर तथा बाहर दक्षिणपंथियों के इस प्रभाव से लड़ सकें, जो जनता के उफनते उत्साह को थाम लेना चाहता था। सितंबर, 1939 में युद्ध शुरू हो गया। फारवर्ड ब्लॉक ने सुभाष बाबू के नेतृत्व में ब्रिटिश-विरोधी प्रचार शुरू कर दिया। जैसे ही ब्रिटिश सरकार को यह बोध हुआ कि फारवर्ड ब्लॉक विरोध का माध्यम बनता जा रहा है, तो जुलाई 1940 में उन्हें सैकड़ों सहकर्मियों के साथ गिरफ्तार कर लिया गया। सरकार ने उन पर मुकदमा नहीं

चलाया। सुभाष विश्व-इतिहास के इस युगांतरकारी काल में ब्रिटिश जेल में निष्क्रिय होकर सड़ना नहीं चाहते थे। इसलिए उन्होंने 26 नवंबर, सन् 1940 को यह अल्टीमेटम दे दिया कि यदि उन्हें रिहा नहीं किया गया तो वह अनिश्चित काल के लिए भूख हड़ताल शुरू कर देंगे। इस पर सरकार ने 5 दिसंबर, सन् 1940 को उन्हें जेल से मुक्त करके, उनके घर में ही नजरबंद कर दिया। करीब चालीस दिन तक सुभाष अपने घर से नहीं निकले। घर की नजरबंदी में उन पर कड़े प्रतिबंध थे। फिर भी 26 जनवरी, सन् 1941 को वह घर की नजरबंदी से बचकर गायब हो गए। रात के घने अंधकार में उन्होंने वर्दवान से पेशावर और वहाँ से काबुल पहुँचकर दम लिया। काबुल से इटली के राजदूत ने उन्हें अपने देश में पहुँचा दिया।

लगभग एक वर्ष बाद अप्रैल, 1942 में जनता ने उनकी आवाज आजाद हिंद रेडियो (बर्लिन) से सुनी और इसके साथ ही भारत के स्वतंत्रता-आंदोलन के इतिहास का एक नया अध्याय आरंभ हो गया।

यूरोप से निकलकर सुभाष पूर्वी एशिया में आ गए, जहाँ पर जापान की सरकार ने उनका अभिनंदन किया। यहाँ पर उनकी भेंट प्रसिद्ध क्रांतिकारी रासबिहारी बोस से हुई। इस भेंट के बाद आजाद हिंद संघ का निर्माण हो गया। 5 जुलाई, 1943 को विधिवत् आजाद हिंद फौज के गठन की घोषणा की गई। सिंगापुर में म्युनिसिपल भवन के सामने, आजाद हिंद फौज की सभी पलटनों की सम्मिलित परेड हुई। नेताजी ने सेना का निरीक्षण किया। इसके बाद उन्होंने सेना को संबोधित करते हुए कहा—

'हिंद की स्वातंत्र्य-सेना के सिपाहियो, आज मेरे जीवन का सबसे अधिक गौरवपूर्ण दिन है! ईश्वर की कृपा से मुझे यह अनन्य सौभाग्य और सम्मान प्राप्त हुआ है कि मैं सारे संसार में यह घोषणा कर दूँ कि हिंदुस्तान आजादी की फौज बन गई है। यह फौज संगठित होकर सिंगापुर गई है—जो एक समय ब्रिटिश साम्राज्यवाद का गढ़ था। यह वह सेना है, जो भारत में ब्रिटिश साम्राज्यवाद का जुआ ही नहीं हटाएगी, वरन् यही बाद में स्वतंत्र भारत की राष्ट्रीय सेना निर्मित करेगी। प्रत्येक भारतीय को इस बात पर अभिमान होना चाहिए कि इस सेना का गठन पूर्ण रूप से भारतीय नेतृत्व में किया गया है और जब ऐतिहासिक क्षण आएगा तो यह सेना युद्ध के मैदान में उतरेगी।'

'एक समय था, जब कुछ लोग समझते थे कि जिस साम्राज्य में सूर्य कभी अस्त नहीं होता, वह चिरस्थायी है। इस विचार ने मुझे कभी परेशान नहीं किया। इतिहास ने मुझे सिखाया है कि सभी साम्राज्यों का पतन एक दिन अवश्य होता है। इसके अतिरिक्त मैंने अपनी आँखों से उन शहरों और किलों को देखा है, जो पिछले

साम्राज्यों के गढ़ थे—और अब उनके कब्रिस्तान बन गए हैं। यहाँ ब्रिटिश साम्राज्य के कब्रिस्तान पर खड़ा होकर, आज एक बच्चा भी विश्वास कर सकता है कि सर्वशक्तिमान अंग्रेजी साम्राज्य अतीत की वस्तु बन गया है।'

24 अगस्त, 1943 को नेताजी ने नियमित रूप से आजाद हिंद फौज की सीधी कमान सँभाली। अपना उत्तरदायित्व सँभालने के बाद उन्होंने एक महत्त्वपूर्ण आदेश-पत्र प्रसारित करते हुए कहा—

'भारत के स्वतंत्रता-आंदोलन के हित में मैंने आजाद हिंद फौज की कमान सँभाल ली है। यह मेरे लिए महान् प्रसन्नता और गौरव की बात है, क्योंकि किसी भी भारतीय के लिए—भारत की मुक्तिसेना का सेनापति होने से बढ़कर कोई दूसरी सम्मानजनक बात नहीं हो सकती। मैं अपने कार्य की महत्ता के प्रति सचेत हूँ। मैं ईश्वर से प्रार्थना करता हूँ कि वह कठोर-से-कठोर परिस्थिति में भी, मुझे भारतीयों के प्रति कर्तव्य निभाने की पूर्ण शक्ति दें।'

'मैं अपने को 38 करोड़ देशवासियों का सेवक मानता हूँ। मैंने अपना कर्तव्य इस ढंग से पूरा करने का संकल्प किया है, जिसमें मेरे हाथों में सभी 38 करोड़ लोगों के हित सुरक्षित रह सकें—और प्रत्येक भारतीय मुझमें विश्वास रख सके। भारतीय स्वाधीनता की सेना विशुद्ध राष्ट्रवाद, पूर्ण न्याय और निष्पक्षता के आधार पर ही बनाई जा सकती है।'

'अपनी मातृभूमि की स्वतंत्रता की आगामी लड़ाई और स्वतंत्र भारत सरकार के गठन में, आजाद हिंद फौज को महत्त्वपूर्ण भूमिका निभानी है। इस कार्य को पूरा करने के लिए हमको एक सेना के रूप में संगठित होना होगा, जिसका एक-मात्र ध्येय होगा, भारत की स्वाधीनता; और जिसकी एक-मात्र इच्छा होगी—भारत की स्वाधीनता या मृत्यु! आजाद हिंद फौज जब खड़ी होगी तो वह संगमरमर की दीवार की भाँति दुर्भेद्य होगी, और जब वह कूच करेगी तो स्टीम-रोलर की भाँति बन जाएगी।'

'हमारा कार्य सुगम नहीं है। युद्ध बहुत लंबा और कठिन होगा; किंतु हमको अपने उद्देश्य की अपराजेयता और न्याय में पूर्ण विश्वास है। 38 करोड़ लोगों को, जो कि संसार की जनसंख्या का पाँचवाँ भाग है, स्वतंत्र होने का पूर्ण अधिकार है। अब वे अपनी स्वाधीनता का मूल्य चुकाने को तत्पर हैं। इसलिए अब पृथ्वी पर कोई ऐसी शक्ति नहीं, जो कि हमें अपनी स्वतंत्रता के जन्मसिद्ध अधिकार से वंचित कर सके!'

'साथियो, आपके विपुल सहयोग और आपकी अटल निष्ठा से आजाद हिंद फौज, भारत की स्वतंत्रता का उपकरण बन जाएगी। मैं विश्वास दिलाता हूँ कि अंतत:

जीत हमारी होगी! 'दिल्ली चलो' का नारा लगाते हुए, हमको तब तक लड़ते जाना है—जब तक कि हमारा राष्ट्रीय ध्वज नई दिल्ली में वायसराय भवन पर फहराने न लगे—और जब तक आजाद हिंद फौज लालकिले के भीतर विजय-परेड नहीं कर ले!'

21 अक्तूबर, 1943 को आजाद हिंद सरकार की स्थापना कर दी गई। इस अवसर पर नेताजी सुभाष बोस ने घोषणा-पत्र पढ़ते हुए कहा—

'हम ईश्वर के नाम पर, और उन मृत वीरों के नाम पर—जिन्होंने भारत के लिए वीरता और बलिदान की परंपरा छोड़ी है—समस्त नागरिकों का आह्वान करते हैं कि वे सभी हमारे झंडे के नीचे एकत्र हों और भारत की स्वाधीनता के लिए लड़ें। हम उनका आह्वान करते हैं कि वे अंग्रेज़ों और उनके भारतीय मित्रों के विरुद्ध लड़ाई छेड़ दें। वे धैर्य और वीरता के साथ उस समय तक संघर्ष को चलाए, जब तक भारत के लोग फिर से एक स्वतंत्र राष्ट्र न बन जाए।'

आजाद हिंद सरकार को जर्मनी, स्वतंत्र बर्मा, फिलीपाइन, चीन, इटली, मंचूरिया और जापान ने मान्यता प्रदान दी। 30 दिसंबर, 1943 को सुभाष ने भारत की बस्ती अंडमान निकोबार पहुँचकर पोर्ट ब्लेयर पर राष्ट्रीय ध्वज फहराया। जनवरी, सन् 1944 में आजाद हिंद फौज का कार्यालय बर्मा में आ गया। सुभाष बाबू फौज को मोर्चों पर भेजने की तैयारी में जुट गए। उनके सामने अनेक कठिनाइयाँ थीं, किंतु उन्होंने मजबूती के साथ उनका सामना किया।

3 फरवरी, 1944 को नेताजी ने रेजीमेंट के सम्मुख विदाई भाषण दिया और कहा—

'मेरे साथियो, तुम मेरे बाजुओं की शक्ति हो। तुम्हारी शक्ति से मैं भारत के अधिकारों की रक्षा करूँगा। युद्ध के मैदान में तुम्हारे कार्यों पर ही सब-कुछ निर्भर होगा!'

जापानी सेनाओं के साथ-साथ आजाद हिंद फौज के बहादुर सिपाहियों को युद्ध मोर्चों पर नियुक्त कर दिया गया। कठिन-से-कठिन परिस्थितियों में भी भूख और बीमारी की चिंता न करते हुए सैनिक अपने कर्तव्य को पूरा करने में लगे रहे और 18 मार्च, 1944 को आजाद हिंद फौज ने बर्मा और भारत की सीमा पार कर अपने देश की पावन भूमि पर कदम रखे। 5 जुलाई को विजयी सैनिकों ने सुभाष का अद्भुत स्वागत किया।

इसी बीच जापान द्वारा हथियारों की मदद बंद कर दी गई। युद्ध में ब्रिटिश सरकार जीत की स्थिति में पहुँच गई थी। जापानी कमांडर-इन-चीफ ने रंगून को खाली करना आरंभ कर दिया। मजबूर होकर आजाद हिंद फौज का कार्यालय रंगून से

बैंकाक भेजना पड़ा। 3 मई, 1945 को रंगून पर ब्रिटिश सरकार का अधिकार हो गया। आजाद हिंद फौज के सभी सैनिक बंदी बना लिए गए।

5 अगस्त, 1945 को अमरीका ने हिरोशिमा पर पहला परमाणु बम गिराया। पलक-झपकते ही हिरोशिमा राख का ढेर बन गया। जापानियों में हाहाकार मच गया। सारा संसार इस प्रलयंकारी विनाश को देखकर स्तंभित रह गया। 8 अगस्त, 1945 को नागासाकी पर भी परमाणु बम गिराया गया। जापान बुरी तरह से अपना दम तोड़ बैठा। युद्ध जारी रखने से अब कोई लाभ नहीं था। 9 अगस्त, 1945 को जापान ने आत्मसमर्पण कर दिया।

अचानक प्राप्त इस समाचार पर सुभाष को विश्वास नहीं आया। उन्होंने आजाद हिंद फौज के सैनिक अधिकारियों की आपातकालीन बैठक बुलाई। आजाद हिंद फौज के सामने अपनी सभी गतिविधियों को रोक देने के अतिरिक्त कोई विकल्प नहीं था! क्योंकि जापान के आत्मसमर्पण से उत्पन्न स्थिति में युद्ध को जारी नहीं रखा जा सकता था। परिणामस्वरूप नेताजी सिंगापुर वापस चले गए। 15 अगस्त को जापान ने विधिवत् आत्मसमर्पण कर दिया और 17 अगस्त, 1945 को नेताजी ने वायुयान द्वारा सैगौन से प्रस्थान कर दिया। इसके पाँच दिन बाद 22 अगस्त, 1945 को टोकियो रेडियो ने घोषणा की कि 18 अगस्त, 1945 को जापान जाते हुए फारमोसा में एक वायुयान दुर्घटना में सुभाष बोस का निधन हो गया।

सुभाष की मृत्यु से क्रांति का एक ऐसा सूरज अस्त हो गया, जिसने भारत के घर-घर में व्याप्त पराधीनता के अंधकार को मिटाने का प्रयास अंतिम क्षणों तक किया। उन्होंने भारत की स्वतंत्रता का संग्राम दूर देशों से चलाया। यह संग्राम रोमांचक भी था और विलक्षण भी। डॉ. गिरिजाकुमार मुकर्जी ने सुभाष बाबू के प्रति श्रद्धा-सुमन अर्पित करते हुए लिखा है—

'वह हमारे बीच नहीं हैं, यह सोचकर दिल दहलता है। अपने सहयोगियों के लिए वह सदैव जीवित, तरोताजा और अमर रहेंगे। उन्होंने अपने ओजस्वी व्यक्तित्व की उन पर छाप डाली थी और इसलिए कम-से-कम वे उन्हें जीवनपर्यंत नहीं भूल सकते। मुझे उम्मीद है कि उनके बाद जो लोग आएँगे, वे उस प्रतापी पुरुष को कृतज्ञतापूर्वक याद करेंगे, जो महामान्य होने के लिए पैदा हुआ था, पर भारत महान् हो सके, इसके लिए जिया और मरा, इस हेतु कि हमारी जाति के स्त्री और पुरुष इस संसार में परतंत्र लोगों की कालिख का दाग लेकर न पैदा हों, बल्कि ऐसे स्वच्छंद और स्वतंत्र हों जैसे कि आज हम हैं।'

अनुक्रम

मैं सुभाष बोल रहा हूँ

अंग्रेज

आपकी यह घातक भूल होगी, यदि आप अंग्रेजों की सरकार को अंग्रेजों से भिन्न मानें। निःसंदेह, ब्रिटेन में आदर्शवादियों का एक छोटा-सा समूह है—जैसा कि अमरीका में भी है—जो चाहता है कि भारत आजाद हो जाए। इन आदर्शवादियों को वहाँ सनकी समझते हैं। उनकी संख्या नहीं के बराबर है। जब भारत का प्रश्न उठता है तो यथार्थ में अंग्रेज सरकार और जनता में कोई अंतर नहीं रहता।

—गांधीजी को संदेश (6 जुलाई, 1944)

❊ ❊ ❊

मैं अपनी पूरी ताकत के साथ यह कहूँगा कि युद्ध यदि भारत तक आया तो उसकी पूरी जिम्मेदारी उन भारतीयों पर ही होगी, जो ब्रिटेन के युद्ध में सम्मिलित हो रहे हैं। मैं अपने देशवासियों को पुनः यह चेतावनी देना चाहता हूँ कि अब ब्रिटेन का एकमात्र उद्‌देश्य भारत को युद्ध में घसीटना है। युद्ध में दूसरे देशों को उलझा देने में अंग्रेज हमेशा सफल रहे हैं। युद्ध में अब तक वे स्थान खाली कर शानदार ढंग से पीछे हटते रहने में ही कामयाब रहे हैं।

—आजाद हिंद रेडियो, जर्मनी से प्रसारण (25 मार्च, 1942)

❊ ❊ ❊

अंग्रेजी दमन

अंग्रेजों ने पिछले महायुद्ध को भारत की सहायता से जीता था, लेकिन उसका

पुरस्कार उसे अधिक दमन और जनसंहार के रूप में मिला। भारत उन घटनाओं को भूला नहीं है और वह इस बात की कोशिश करेगा कि मौजूदा सुनहरा मौका हाथ से निकल न जाए।

—आजाद हिंद रेडियो, जर्मनी से प्रसारण (25 मार्च, 1942)

❊❊❊

अंग्रेजी भाषा का ज्ञान

मैं नम्रतापूर्वक निवेदन करता हूँ कि मेरा अंग्रेजी भाषा का ज्ञान बिलकुल गया-बीता नहीं है, अन्यथा 1920 की आई.सी.एस. की खुली प्रतियोगिता में, अंग्रेजी के निबंध में प्रथम स्थान न प्राप्त किया होता। मैं तो हिम्मत के साथ यह कह सकता हूँ और दावा करता हूँ, हालाँकि श्री फ्लावरड्यू एक ब्रिटिशर हैं—और मैं एक भारतीय हूँ—फिर भी अंग्रेजी भाषा और साहित्य का मेरा ज्ञान उनकी अपेक्षा कहीं अधिक गहन है।

—पत्रावली, पृ. 212

❊❊❊

अंग्रेजी शासन

ज्यों-ज्यों हम स्वतंत्रता के उदय के निकट पहुँचते जा रहे हैं, हमारे कष्टों और पीड़ाओं का प्याला भरता जा रहा है। यह स्वाभाविक ही है कि अपने हाथों से शक्ति को धीरे-धीरे खिसकता हुआ पाकर हमारे शासक भी अन्य निरंकुश शासकों की भाँति अधिक-से-अधिक क्रूर होते जाएँ और इसमें किसी को आश्चर्य नहीं होना चाहिए कि वे सभ्यता के आवरण को उतारकर फेंक दें और शालीनता के मुखौटे का त्याग कर दें, जिससे कि प्रहारक घूँसे का प्रयोग स्वतंत्रतापूर्वक और बेहिचक किया जा सके।

—स्टूडेंट कॉन्फ्रेंस, लाहौर में अध्यक्षीय भाषण (19 अक्तूबर, 1929)

❊❊❊

अंग्रेजी सरकार

भारतीय जनता अपने कटु अनुभव से जानती है कि भारत में भ्रष्टाचार और घूसखोरी के लिए ब्रिटिश सरकार ही जिम्मेदार है।

—आजाद हिंद रेडियो, जर्मनी से प्रसारण (25 मार्च, 1942)

❊❊❊

अंग्रेजों की नीति

प्रत्येक भारतीय राजनीतिज्ञ जानता है कि भारत में अंग्रेजों का लक्ष्य सदैव 'लड़ाओ और राज्य करो' की नीति है। जब तक उनके पैर भारत की मिट्टी पर रहेंगे, वे कभी अपनी दूषित नीतियों का परित्याग नहीं करेंगे।

—बर्लिन से प्रसारण (13 मार्च, 1942)

❋ ❋ ❋

भारत में अपने पूरे शासनकाल में, अंग्रेज भारतीयों में फूट डालने का प्रयत्न करते रहे हैं। इस उद्देश्य में वे कुछ सीमा तक सफल भी हुए हैं और विभिन्न वर्गों में फूट का तर्क देकर उन्होंने भारत को स्वराज्य देने के लिए सदैव इनकार किया है। अंग्रेजों के षड्यंत्र का कोई अंत नहीं है।

—बर्लिन से प्रसारण (13 मार्च, 1942)

❋ ❋ ❋

भारतीय जनता अंग्रेज राजनीतिज्ञों की दुर्नीति से अच्छी तरह परिचित है और मुझे इसमें कोई संदेह नहीं कि हमारे स्वतंत्रता-सेनानी भले ही जेलों में बंद हों, पर उनकी भावना जेलों की दीवारों को चीरती हुई भारत की जनता को बता देगी कि यह भारत के आत्मसम्मान और गौरव का अपमान है।

—आजाद हिंद रेडियो, जर्मनी से प्रसारण (25 मार्च, 1942)

❋ ❋ ❋

यह बात याद रखने योग्य है कि ब्रिटिश शासन के अधीन ही हम राजनीतिक रूप से संगठित हुए हैं, नितांत गलत है। अपने शासनकाल में अंग्रेजों ने भारत में जो कुछ भी प्रयत्न किया, वह केवल भारतवासियों को विभाजित करने, उनको कमजोर, नि:शस्त्र और पुंस्त्वहीन करने का था।

—टोकियो विश्वविद्यालय के छात्रों को संबोधन (नवंबर, 1944)

❋ ❋ ❋

अंतिम विजय

मुझे यह नहीं मालूम कि आजादी की इस लड़ाई में हममें से कितने बचे रहेंगे। लेकिन मैं यह जानता हूँ कि अंत में विजय हमारी ही होगी और हमारा प्रयत्न तब तक

समाप्त नहीं होगा, जब तक ब्रिटिश साम्राज्य के दूसरे कब्रिस्तान लाल किले पर हममें से जीवित रहनेवाले वीर योद्धा विजय परेड न करें।

—दिल्ली चलो, दिल्ली चलो (5 जुलाई, 1943)

❋ ❋ ❋

अधिकारी

हमेशा याद रखें कि अधिकारी या तो सेना को बनाते हैं अथवा बिगाड़ देते हैं। यह भी याद रखिए कि निकम्मे अधिकारियों के कारण अंग्रेजों की इतने अधिक मोर्चों पर हार हुई और यह भी याद रखिए कि भविष्य में आजाद हिंद फौज का उच्च सैन्य-मंडल आप लोग ही बनाएँगे।

—दिल्ली चलो, दिल्ली चलो (5 जुलाई, 1943)

❋ ❋ ❋

अध्ययन एवं मनन

किसी कार्य में सफलता अथवा असफलता से जो अहंकार एवं निराशा मिलती है, उनका उन्मूलन करके, मनुष्य को संयत बनाने के लिए, अध्ययन एवं मनन ही एकमात्र उपाय है। मनुष्य में तभी आंतरिक अनुशासन आ सकता है। आंतरिक संयम न होने पर बाह्य संयम स्थायी नहीं हो सकता। नियमित व्यायाम से जिस प्रकार शरीर का विकास होता है, ठीक उसी प्रकार नियमित साधना से सद्वृत्तियों का उद्‌भव और वासनाओं का नाश होता है।

—श्री हरिचरण बागची को पत्र (1926)

❋ ❋ ❋

अपने उपवास के संबंध में

यदि मुझको बलपूर्वक कुछ भी खिलाने का प्रयत्न किया गया तो मेरे पास इसके अतिरिक्त कोई चारा नहीं रह जाएगा कि मैं इसके परिणामस्वरूप होनेवाली असहनीय दीर्घकालिक वेदना से मुक्ति पाने के लिए कुछ कदम उठाऊँ। यह केवल आत्महत्या के द्वारा ही किया जा सकेगा और इसका उत्तरदायित्व पूर्णरूपेण सरकार के ऊपर होगा।

उस आदमी के लिए, जिसने जीवन से कमर तोड़ ली हो, अपने इस उद्‌देश्य (मृत्यु) को पाने के सैकड़ों तरीके हैं और पृथ्वी पर कोई भी शक्ति उसकी मृत्यु को नहीं रोक सकती। मैंने अत्यधिक शांत तरीका चुना है और मुझको कम शांतिपूर्ण

तरीका या कोई अधिक उग्र उपाय अपनाने के लिए विवश करना नितांत पाशविकता होगी। जो कदम मैंने उठाया है, वह एक साधारण उपवास नहीं है। यह कई माह के परिपक्व मनन का परिणाम है।

—प्रेसीडेंसी जेल से बंगाल के चीफ मिनिस्टर को पत्र
(2–5 दिसंबर, 1940) क्रास रोड्स, पृ. 382

❊ ❊ ❊

अपने विषय में

कठपुतली अध्यक्ष रहने की मुझे कोई इच्छा नहीं है और न ही हर हालत में अपने पद से चिपके रहने की इच्छा है।

— हाजरा पार्क, कलकत्ता में भाषण (15 मई, 1939)

❊ ❊ ❊

जब ब्रिटिश शासन ही मेरा आत्मबल नहीं तोड़ सका, ठग नहीं सका अथवा फुसला नहीं सका, तो विश्व की कोई भी शक्ति ऐसा नहीं कर सकती।

— सिंगापुर में आम सभा (9 जुलाई, 1943)

❊ ❊ ❊

जिसने अंग्रेजी राजनीतिज्ञों के साथ और उनके विरुद्ध आजीवन काम किया है वह संसार के अन्य किसी राजनीतिज्ञ से धोखा नहीं खा सकता। अगर अंग्रेजी राजनीतिज्ञ मुझे फुसलाने अथवा मजबूर करने में असफल हुए हैं तो कोई भी अन्य राजनीतिज्ञ वैसा करने में सफल नहीं हो सकता। जिस अंग्रेज सरकार ने मुझे लंबे अरसे तक जेल में रखा और तरह-तरह की शारीरिक तथा अन्य यातनाएँ पहुँचाईं, वही जब मुझे पस्त नहीं कर सकी तो कोई अन्य सत्ता ऐसा करने की कैसे उम्मीद रख सकती है? मैंने कभी ऐसा कोई काम नहीं किया है, जिससे मेरे देश के गौरव, आत्मसम्मान अथवा देशहित को ठेस पहुँची हो।

— गांधीजी को संदेश (6 जुलाई, 1944)

❊ ❊ ❊

माँ, मैं आपकी नितांत अयोग्य संतान हूँ। तुम्हारी ममता मुझे मानवता की ओर खींच रही है। माँ, आशीर्वाद दो कि जन्म-जन्मांतर तक मैं तुम्हारी जैसी माँ प्राप्त करके पुनः अपने जीवन को सार्थक बना सकूँ। *— पत्रावली, पृ. 272*

❊ ❊ ❊

मुझे अपने आपसे, शायद सबसे तीव्र संघर्ष, काम-वासना के क्षेत्र में करना पड़ा और यह निर्णय करने के लिए मुझे प्रायः कोई भी प्रयास नहीं करना पड़ा था कि मुझे अपनी निजी बेहतरी का जीवन नहीं जीना है, बल्कि किसी महान् उद्देश्य के प्रति समर्पित होना है। मुझे सेवा और अनिवार्य कष्ट-सहन के लिए अपने आपको शारीरिक एवं मानसिक रूप से तैयार करने के उद्देश्य से कुछ प्रयास करना पड़ा। *—आत्मकथा, अध्याय-6*

❋❋❋

मेरी मानसिक बनावट में किसी-न-किसी तरह की असामान्यता का स्पर्श था। मैं न केवल अत्यधिक अंतर्मुखी वृत्तिवाला था, बल्कि कुछ मायनों में असमय परिपक्व भी था। परिणाम यह हुआ कि जिस अवस्था में मुझे फुटबॉल के मैदान में अपने-आपको थकाते रहना होता, मुझे उन समस्याओं को लेकर चिंताग्रस्त होना पड़ा, जिन्हें अधिक पकी उम्र के लिए छोड़ दिया जाना चाहिए था।

—आत्मकथा, अध्याय-5

❋❋❋

मेरी यह धारणा दृढ़ होती जा रही है कि जीवन की सच्चाई को कायम रखने के लिए यह आवश्यक है कि पूर्णाहुति के लिए निरंतर तैयार रहा जाए। जीवन के प्रभात ने हृदय में इस प्रार्थना को लेकर कर्मक्षेत्र में पदार्पण किया था—'हे प्रभो, जिसे जीवन में कोई उद्देश्य दो, उसे उसको पूरा करने की शक्ति भी दो।' भविष्य की बात मैं नहीं जानता; परंतु अभी तक भगवान् उस प्रार्थना को निभाते आ रहे हैं। इसी कारण मैं बहुत सुखी हूँ। कभी-कभी तो सोचता हूँ कि मेरे समान सुखी व्यक्ति इस जगत् में और कितने हैं?

—पत्रावली, पृ. 230

❋❋❋

मैं आपसे कहता हूँ कि मुझ पर विश्वास कीजिए। यहाँ तक कि मेरा कोई शत्रु भी यह कहने का साहस नहीं करेगा कि मैं कोई ऐसा कार्य भी कर सकता हूँ, जो मेरे देश के हितों के विरुद्ध हो।

—सिंगापुर में आम सभा (9 जुलाई, 1943)

❋❋❋

मैं इच्छा और अभिमान को पूर्णत: लाँघना चाहता हूँ।

—श्री दिलीपकुमार राय के नाम पत्र (2 मई, 1925)

❊ ❊ ❊

मैं उन तीन धुरी राष्ट्रों का पृष्ठपोषक नहीं हूँ और जो कुछ उन्होंने किया है या जो वे भविष्य में करेंगे, उसका समर्थन करना मेरा काम नहीं है। यह कार्य तो स्वयं इन राष्ट्रों के जिम्मे आता है। मेरी दिलचस्पी तो भारत में है और अगर अधिक कहूँ तो सिर्फ भारत के साथ है।

—बर्लिन से प्रसारण (1 मई, 1942)

❊ ❊ ❊

मैं किराए का सैनिक नहीं हूँ। सहज में ही कहीं आत्मसमर्पण नहीं करता। परंतु जहाँ करता हूँ, वहाँ से सरलता से लौटता भी नहीं। मेरे त्याग और मेरी उदारता पर आपका सदैव अधिकार रहेगा। आप उसका उपयोग करें या न करें, यह आपकी इच्छा पर निर्भर है। इस समय मुझे अपना मार्ग स्वयं ही निश्चित करना पड़ेगा। वह मार्ग मुझे कहाँ ले जाएगा, यह मैं अभी तक निश्चित नहीं कर पाया हूँ।

—पत्रावली, पृ. 266

❊ ❊ ❊

मैंने आपको पहले ही आश्वासन दिया है कि विदेश में जो कुछ मैं कर रहा हूँ, वह अपने अधिकांश देशवासियों की इच्छानुसार ही कर रहा हूँ। मैं कोई ऐसी बात नहीं करूँगा, जिसका भारत तहेदिल से समर्थन न करता हो। जब से मैंने देश छोड़ा है, भारत सरकार के खुफिया विभाग और अंग्रेजी गुप्तचर सेवा के प्रयास के बावजूद अपने देशवासियों से मैं एक से अधिक माध्यमों द्वारा निकट संपर्क में हूँ। पिछले कई महीनों में आपको ऐसे प्रमाण मिल गए होंगे कि मैं अपने देशवासियों के निकट संपर्क में हूँ और आपमें से बहुत से लोग यह भी जानते होंगे कि अगर आप चाहें तो मुझसे कैसे संपर्क कर सकते हैं। अब मैं आपको यह भी बतला दूँ कि अंग्रेजों के लिए यह मुमकिन नहीं है कि वे मुझे अपनी इच्छा से देश में आने और वहाँ से बाहर जाने पर रोक लगा सकें।

—आजाद हिंद रेडियो, जर्मनी से प्रसारण (31 अगस्त, 1942)

❊ ❊ ❊

मैंने जीवन का आरंभ आत्मसंयम की भावना के साथ, इस अनुभूति के साथ कि मुझे अपने पूर्ववर्तियों के स्तर को प्राप्त करना है, किया। यह अच्छा हो या बुरा, पर मैं अति आत्मविश्वास या अकाट्य आश्वस्ति से मुक्त रहा। मुझमें जन्मजात प्रतिभा तो नहीं थी, लेकिन कठोर परिश्रम से बचने की प्रवृत्ति मुझमें कभी नहीं रही। मैं समझता हूँ कि मुझमें यह अवचेतन भावना थी कि सामान्य व्यक्तियों के लिए सफलता की सीढ़ियाँ केवल उद्यम और सद्व्यवहार ही है।

—आत्मकथा, अध्याय-1

❋❋❋

मैं बाल्यकाल से ही बहुत सुकुमार प्रकृति का रहा हूँ। सभा-समितियों में भाषण देने के पश्चात् भी मुझमें कोई अंतर नहीं आया। लोगों की धारणा है कि मैं अहंकारी नहीं हूँ। मैं चाहे कुछ भी क्यों न होऊँ, परंतु अहंकारी नहीं हूँ, क्योंकि मैं जानता हूँ कि अहंकार करने योग्य मेरे पास कुछ भी नहीं है। मैं जहाँ बँध जाता हूँ, वहाँ अच्छी तरह से बँध जाता हूँ।

—पत्रावली, पृ. 273

❋❋❋

मैं विश्वास दिला दूँ कि अँधेरे में, उजाले में, गम और खुशी में, कष्ट-सहन और विजय में, मैं आपके साथ ही रहूँगा। इस समय तो मैं आपको भूख, प्यास, कठिनाई, जबरन कूच और मृत्यु के अलावा कुछ नहीं दे सकता। लेकिन यदि आप मेरा साथ जीवन और मरण में दें, जैसा कि मुझे विश्वास है कि आप जरूर देंगे, तो मैं आपको विजय और स्वतंत्रता तक पहुँचा दूँगा।

—दिल्ली चलो, दिल्ली चलो, (5 जुलाई, 1943)

❋❋❋

मैं स्वयं को उन 38 करोड़ देशवासियों का सेवक मानता हूँ, जो विभिन्न धार्मिक विश्वासों में आस्था रखते हैं। मैं अपने कर्तव्यों का निर्वाह इस प्रकार करने के लिए दृढ़संकल्प हूँ कि इन 38 करोड़ लोगों का हित मेरे हाथों में सुरक्षित रहे और प्रत्येक भारतीय को मुझमें पूर्ण विश्वास का कारण रहे। यह अमंद राष्ट्रीयता और पूर्ण न्याय तथा निष्पक्षता के आधार पर निर्भर है, जिसे भारत की मुक्ति सेना निर्मित कर सकती है।

—आई.एन.ए. की कमान सँभालने पर (26 अगस्त, 1943)

❋❋❋

स्वदेशसेवी होने की स्पर्द्धा रखते हुए भी मैं एक मनुष्य हूँ। भला ऐसा कौन है, जो प्रेम और अपनत्व को प्राप्त करके सुखी न होता हो? कुछ प्राप्त करने की आकांक्षा को जीतना अच्छा होता है। उच्च स्तर के कार्यकर्ताओं को तो प्रत्येक प्रकार के प्रतिदान की आकांक्षा को जय करना वांछनीय है। मेरे लिए तो अभी यह बात एक आदर्श के रूप में ही है।

—श्री अनाथबंधु दत्त को पत्र (1926)

❊ ❊ ❊

स्वयं को स्वतंत्र करने और सत्य, न्याय एवं स्वाधीनता पर आधारित एक नवीन विश्व-व्यवस्था की नींव रखने का अब अच्छा अवसर है। मैं उन लोगों से, जिनके मस्तिष्क में किसी भी प्रकार का संदेह और शक है, आग्रह करता हूँ कि वे मेरे ऊपर विश्वास करें। मैं सदैव केवल भारत के प्रति निष्ठावान रहूँगा। मैं अपनी मातृभूमि को कभी धोखा नहीं दूँगा। मैं भारत के लिए मरूँगा। ब्रिटिश राजनीतिज्ञ मुझे न कभी प्रलोभित कर सके और न धोखा दे सके। कोई भी मुझे सही मार्ग से विचलित नहीं कर सकता। *—भारत स्वतंत्रता संघ अधिवेशन (सिंगापुर, 4 जुलाई, 1943)*

❊ ❊ ❊

हमारे विचार या आदर्श अमर होंगे, हमारे भाव जाति की स्मृति से कभी नहीं मिटेंगे, भविष्य में हमारे वंशधर हमारी कल्पनाओं के उत्तराधिकारी बनेंगे, इस विश्वास के साथ मैं दीर्घकाल तक समस्त विपदाओं और अत्याचारों को हँसते हुए सहन कर सकूँगा। *—पत्रावली, पृ. 229*

❊ ❊ ❊

अपराध

अपराध की प्रवृत्ति को मानसिक रोग मानना पड़ेगा, और उसी प्रकार उसका उपचार करना उचित होगा। प्रतिशोध मूलक दंड-विधि को, जिसे काराशासन-विधि का मुख्य तत्त्व माना जा सकता है, सुधारमूलक दंड-विधि में परिवर्तित करना पड़ेगा।

—श्री दिलीपकुमार राय के नाम पत्र (2 मई, 1925)

❊ ❊ ❊

अपराधी

जनसाधारण की यह धारणा है कि जब अपराधियों को फाँसी के तख्ते की ओर

ले जाया जाता है, उस समय उनमें एक स्नायविक दुर्बलता पैदा हो जाती है। परंतु जो लोग किसी उद्देश्य के लिए जीवन अर्पित करते हैं, वे ही वीरों के समान मर सकते हैं, परंतु यह विचार गलत है। इस संबंध में मैंने कुछ तथ्य संकलित किए हैं और इस निष्कर्ष पर पहुँचा हूँ कि बहुत से अपराधी साहस के साथ प्राण देते हैं। फाँसी की रस्सी गले में डालने से पूर्व वे भगवान् के चरणों में आत्मनिवेदन करते हैं। वे टूटे हुए से दिखलाई नहीं पड़ते। एक बार एक जेलर ने मुझसे कहा था कि एक फाँसी के कैदी ने उनके समक्ष यह स्वीकार किया था कि उसने एक व्यक्ति की हत्या की है। यह पूछने पर कि क्या उसे अपने कार्य से अनुताप हुआ, उसने बतलाया कि उसे तनिक भी अनुताप नहीं हुआ। उसने इसका कारण बतलाया कि उस व्यक्ति को मारकर उसने न्याय किया है। इसके उपरांत वह व्यक्ति वीरता के साथ फाँसी के तख्ते पर चढ़ गया और अपने प्राण दे दिए।

—श्री दिलीपकुमार राय के नाम पत्र (25 जून, 1925)

❋ ❋ ❋

साधारण और राजनैतिक बंदियों में पार्थक्य का एक निश्चित कारण है। राजनीतिक अपराधी यह जानते हैं कि मुक्ति के पश्चात् समाज उन्हें अपना लेगा। परंतु असाधारण अपराधियों को इस प्रकार की आशा नहीं होती। वे तो अपने घर के अतिरिक्त और कहीं से भी सहानुभूति की आशा नहीं कर सकते और इसीलिए जनसाधारण के समक्ष मुँह दिखाने में उन्हें लज्जा का अनुभव होता है।...मुझे इससे बहुत असंतोष है कि सभ्य समाज अपराधियों के प्रति सहानुभूति क्यों नहीं दिखाता।

—श्री दिलीपकुमार राय के नाम पत्र (2 मई, 1925)

❋ ❋ ❋

अभिभावकों से

अपने अनुभव से मैं अभिभावकों एवं माता-पिताओं को चेतावनी देना चाहूँगा कि उन्हें अपने संवेदनशील और भावुक प्रकृति के बच्चों से व्यवहार करते हुए बहुत सावधानी बरतनी चाहिए। ऐसे बच्चों को किसी घिसी-पिटी लीक पर बलात् चलाने से कोई लाभ नहीं होगा, क्योंकि उन्हें जितना ही दबाया जाएगा वे उतने ही अधिक विद्रोही बनते जाएँगे और अंततः शायद एकदम जिद्दी बन जाएँ। दूसरी ओर कुछ छूट के साथ सहानुभूति और संयम से काम लेने पर उनकी ऊबड़-खाबड़ प्रकृति और

झक्कीपन को सुधारा-सँवारा जा सकता है और अगर वे किसी ऐसे विचार की ओर आकर्षित होते हैं, जो सांसारिकता को कसौटी पर खरा नहीं उतरता तो अभिभावकों को उनके प्रयास को विफल नहीं कर देना चाहिए या उस पर हँसना नहीं चाहिए, बल्कि उन्हें समझाने की कोशिश करनी चाहिए और जरूरत हो तो समझा-बुझाकर ही उन्हें प्रभावित करना चाहिए।

—आत्मकथा, अध्याय-6

❋ ❋ ❋

अभिव्यक्ति

हम जिस युग और विश्व में रहते हैं, उसमें हम अपनी सभी भावनाओं को पूर्णतः और सोच-विचार कर अभिव्यक्त नहीं कर सकते। हमें उनको अपने अंदर रखना होता है। संपूर्ण प्रकृति हमें ऐसा करने को विवश कर रही है।

—मित्र हेमंतकुमार सरकार को पत्र (1917)

❋ ❋ ❋

अरविंद

राजनीति में सक्रिय होने की खातिर उन्होंने अच्छी नौकरी छोड़ दी थी। कांग्रेस के मंच पर वे वामपक्षी विचारों के अलंवरदार बनकर खड़े हुए थे, और एक ऐसे समय में स्वाधीनता के पक्ष में निर्भीक होकर बोले थे, जबकि अधिकांश नेता, किसी तरह की झिझक महसूस किए बिना, केवल औपनिवेशिक स्वशासन की बात करते थे। उन्होंने बड़े प्रशांत भाव से जेल की सजा झेली थी।

—आत्मकथा, अध्याय-6

❋ ❋ ❋

रामकृष्ण और विवेकानंद ने एक और अनेक, ईश्वर और सृष्टि के समन्वय का जो उपदेश दिया था, वह मुझे अच्छा तो लगा, लेकिन वह भी मुझे मायावाद के जाल से मुक्त नहीं कर सका। मुक्ति के इस कार्य में अरविंद से मुझे अतिरिक्त सहायता मिली। उन्होंने दार्शनिक स्तर पर आत्मा और पदार्थ, ईश्वर और सृष्टि में समन्वय सिद्ध किया और सत्य की उपलब्धि की विभिन्न विधियों के समन्वय द्वारा जिसे उन्होंने योग-समन्वय कहा उसकी, परिपुष्टि की।

—आत्मकथा, अध्याय-6

❋ ❋ ❋

अर्पण

सबसे बड़ा उपहार है, अपना हृदय किसी को देना। जब यह किया जाता है तो और कुछ देने को शेष नहीं रहता और जिसको वह प्राप्त होता है, वह अत्यंत सौभाग्यशाली होता है। क्या कोई ऐसा है, जो उससे अधिक भाग्यवान और प्रसन्न हो ? लेकिन उससे अधिक कौन हो सकता है, जो उस उपहार का प्रत्युत्तर नहीं दे सकता। परिणाम क्या होता है ? परिणाम होता है, दोनों के लिए शांति।

—मित्र हेमंतकुमार सरकार को पत्र

❊ ❊ ❊

असफलताएँ

असफलताएँ कभी-कभी सफलता का स्तंभ होती हैं। यदि हम चौथी बार भी असफल होते हैं तो कोई बात नहीं। प्रयत्न न करना, प्रयत्न करने और सफलताओं के प्राप्त करने में असफल हो जाने की अपेक्षा, अधिक अपमानजनक है।

—अखिल भारतीय फारवर्ड ब्लॉक, नागपुर अधिवेशन में अध्यक्षीय भाषण (28 जून, 1940)

❊ ❊ ❊

आंदोलन

किसी आंदोलन का विकास एक पेड़ के विकास के समान है। यह अंदर से विकसित होता है और हर अवस्था पर यह नई शाखाएँ बाहर निकालता है, जिससे उत्तरोत्तर प्रगति हो सके। जब नव शाखाएँ नहीं निकलतीं तो यह समझा जा सकता है कि आंदोलन ह्रास अथवा समाप्त होने की प्रक्रिया में है।

— फंडामेंटल क्यूस्चन ऑफ इंडियन रेवोल्यूशन, पृ. 33

❊ ❊ ❊

आगे बढ़ते रहो

हमारा मार्ग भले ही खतरनाक और पथरीला हो, हमारी यात्रा भले ही कष्टदायक हो, हमें आगे बढ़ना ही है।

— भाई शरतचंद्र बोस को पत्र (कटक, 8 जनवरी, 1913)

❊ ❊ ❊

आजाद हिंद फौज

हमारे लिए यह खुशी और गर्व बात है कि आजाद हिंद फौज के रूप में भारत की मुक्ति-सेना बन गई है और उसके सैनिकों की संख्या लगातार बढ़ रही है।

—गांधीजी के जन्मदिन पर बैंकाक से प्रसारण (2 अक्तूबर, 1943)

❋❋❋

हिंदुस्तान में आजादी की फौज बन गई। यह फौज गठित होकर सिंगापुर पहुँच गई है, जो एक समय ब्रिटिश साम्राज्यवाद का गढ़ थी। यह फौज भारत से साम्राज्यवादी जुआ ही नहीं हटाएगी, वरन् उसके बाद आजाद हिंद की राष्ट्रीय सेना बन जाएगी। प्रत्येक भारतीय को पूरी तरह से भारतीय नेतृत्व में गठित सेना पर गर्व होना चाहिए और जब ऐतिहासिक मौका आएगा, तब यह भारतीय नेतृत्व में लड़ाई के मैदान में उतर पड़ेगी।

—दिल्ली चलो, दिल्ली चलो (5 जुलाई, 1943)

❋❋❋

आजादी का संघर्ष

भारत ही अकेला ऐसा देश नहीं है, जहाँ आजादी के संघर्ष का आह्वान आध्यात्मिक जागरण के बाद हुआ हो। इटली के रिसोर्जिमेंटो आंदोलन में सबसे पहले मेजिनी ने इटलीवासियों को आध्यात्मिक प्रेरणा दी थी। उसके बाद ही योद्धा और नायक गैरीबाल्डी आए, जिन्होंने एक हजार सशस्त्र स्वयंसेवकों का नायक बनकर रोम की ओर कूच किया।

—बैंकाक से प्रसारण (2 अक्तूबर, 1943)

❋❋❋

आत्मत्याग

अगर किसी को नि:स्वार्थ होना है तो वह अपने परिवार के लिए कष्ट और चिंता का कारण बनेगा ही। अगर हम स्वयं आत्मत्याग से दूर भागते हैं तो हम यह शिकायत नहीं कर सकते कि दूसरों में आत्मत्याग की भावना नहीं है।

—भाई शरतचंद्र बोस को पत्र (5 अप्रैल, 1921)

❋❋❋

आत्मा में विश्वास

मैं आत्मा में क्यों विश्वास करता हूँ? क्योंकि वह व्यावहारिक आवश्यकता है। मेरी प्रकृति उसकी माँग करती है। मुझे प्रकृति में एक उद्देश्य और अभिकल्पना दिखाई देती है। मैं स्वयं अपने जीवन में उत्तरोत्तर विकसनशील उद्देश्य पाता हूँ। मैं महसूस करता हूँ कि मैं मात्र परमाणुओं का सपिंडन नहीं हूँ। मुझे यह भी आभास होता है कि सत्य, अणुओं का आकस्मिक सम्मिश्रण–मात्र नहीं है। इसके अलावा, सत्य को, (जैसा कि मैं उसे समझता हूँ) अन्य कोई भी सिद्धांत स्पष्ट नहीं कर सकता है। यह सिद्धांत संक्षेप में एक बौद्धिक आवश्यकता है। कम–से–कम यह मेरे जीवन की एक अनिवार्यता है।

—आत्मकथा, अध्याय–10

❊❊❊

आदमी

मैं बिलकुल महसूस करता हूँ कि सच्चा आदमी परिस्थितियों के दबाव से निर्मित न होकर उन्हें अपने अनुरूप ढाल लेगा।

—भाई शरतचंद्र बोस को पत्र (23 अप्रैल, 1921)

❊❊❊

आदर्श

आदर्श की प्राप्ति समर्पण की पूर्णता पर निर्भर है। त्याग और उपलब्धि एक ही सिक्के के दो पहलू हैं। अब मेरा मन संपूर्ण रूप से पाने और देने के लिए आकुल है।

—पत्रावली, पृ. 231

❊❊❊

आदर्श को प्रत्येक क्षण सामने न रखने से जीवन में प्रगति करना असंभव है। जीवन की कोई भी अवस्था अशांति से रहित नहीं होती। इस तथ्य को विस्मृत नहीं किया जा सकता।

—श्री हरिचरण बागची को पत्र (1926)

❊❊❊

इस असार संसार में प्रत्येक वस्तु नष्ट होती है और नष्ट होगी; किंतु विचार, आदर्श और स्वप्न नष्ट नहीं होते। कोई व्यक्ति एक विचार के लिए मर सकता है,

किंतु वह विचार उसकी मृत्यु के बाद स्वयं को हजारों जीवनों में प्रस्फुटित करेगा। इसी प्रकार से विकास का चक्र चलता रहता है और एक पीढ़ी के विचार, आदर्श एवं स्वप्न आगामी पीढ़ी को उत्तराधिकार में मिल जाते हैं। इस संसार में कोई भी विचार और बलिदान अग्नि-परीक्षा के बिना कभी फलीभूत नहीं होता।

—क्रास रोड्स, पृ. 380

✻✻✻

इस देश में ऐसे लोग हैं—और उनमें कतिपय प्रख्यात और आदरणीय पुरुष हैं—जो स्वतंत्रता के सिद्धांतों को पूर्णतया लागू करने के लिए सहमत नहीं होंगे। हमें दुःख है, यदि हम उन्हें प्रसन्न नहीं कर सकते, किंतु किसी भी परिस्थिति में हम सत्य, न्याय और समानता पर आधारित आदर्श को नहीं छोड़ सकते। हम अपने रास्ते चलेंगे। चाहे कोई साथ दे या न दे; किंतु तुम्हें आश्वस्त होना चाहिए कि यदि कुछ लोग हमारा साथ छोड़ते हैं तो अंततः हमारी स्वतंत्रता की सेना में हजारों-लाखों सम्मिलित होंगे। हमें बंधन, अन्याय और असमानता से कोई समझौता नहीं करना है।

—स्टुडेंट कॉन्फ्रेंस लाहौर में अध्यक्षीय भाषण (19 अक्तूबर, 1929)

✻✻✻

एक स्थल पर मिल्टन ने लिखा है—मस्तिष्क का अपना एक विशिष्ट महत्त्व है, यह स्वर्ग को नरक और नरक को स्वर्ग बना सकता है। यह बात तो सत्य है कि इस तथ्य को हर स्थिति में लाभदायक नहीं माना जा सकता, परंतु आदर्श को प्रत्येक क्षण सामने न रखने से जीवन में प्रगति करना असंभव है। जीवन की कोई भी अवस्था अशांति से रहित नहीं होती। इस तथ्य को विस्मृत नहीं किया जा सकता।

—श्री हरिचरण बागची के नाम पत्र (6 फरवरी, 1926)

✻✻✻

जगत् में सब-कुछ क्षणभंगुर है, केवल एक वस्तु नष्ट नहीं होती, वह वस्तु है—भाव या आदर्श। हमारे आदर्श ही हमारे समाज की आशा हैं। हमारी विचारधारा अनश्वर है। क्या कोई निजी भाव को दीवार से घेरकर रख सकता है?

—पत्रावली, पृ. 231

✻✻✻

जब मैंने अपना यह आदर्श बना दिया है कि मैं अपना धन जनहित के लिए बाँट

दूँगा, तब यदि मैं किसी स्वार्थ को हृदय में स्थान दूँ तो निश्चय ही मेरा पतन हो जाएगा। यह सब बातें कहने और लिखने के उपरांत भी मैं पर्याप्त मात्रा में स्वार्थी हूँ, और अपने लिए मैं बहुत-कुछ करता हूँ। इसका कारण यह है कि एक दिन में तो आदर्श प्राप्त किया नहीं जा सकता, और स्वार्थपरता से मुक्त होने के लिए तो बहुत दिन तक साधना करने की आवश्यकता पड़ती है।

—पत्रावली, पृ. 255

❋ ❋ ❋

जीवन के दो पक्ष होते हैं—बुद्धि और चरित्र। इतना ही काफी नहीं है कि तुम देश को केवल चरित्र अर्पित करो। तुम्हें बौद्धिक आदर्श भी देना चाहिए।

—मित्र हेमंतकुमार सरकार को पत्र

❋ ❋ ❋

तत्त्वज्ञानरहित मनुष्य (भावात्मक दृष्टि से मैं उन्हें तत्त्वज्ञानहीन ही कहता हूँ) का भी अपना आदर्श होता है। वे जिसको पूज्य मानकर उसे प्रेमनिधि से श्रद्धा और प्रेम करते हैं, उससे दुःख से जूझते समय भी उन्हें साहस और विश्वास मिलता है।

—श्री दिलीपकुमार राय के नाम पत्र (16 जून, 1925)

❋ ❋ ❋

मेरी यह आस्था है कि अगर हमारा कोई आदर्श है, तो उसे जीवन में उतार सकते हैं। उदाहरण के लिए अगर हमारा आदर्श पूर्णता प्राप्त करना है तो हम पूर्ण हो सकते हैं, अन्यथा पूर्णता के आदर्श का कोई मतलब नहीं रह जाता।

—मित्र हेमंतकुमार सरकार को पत्र (16 सितंबर, 1915)

❋ ❋ ❋

यदि जीवन में मैं और कोई काम नहीं कर सका, आदर्श को यदि वास्तविकता के रूप में प्रकट करने का अवसर प्राप्त नहीं कर सका, तब भी मेरा जीवन व्यर्थ नहीं जाएगा। महान् आदर्श को यदि हृदय में रखूँ, शरीर और मन को यदि उस महान् स्वर में बाँधकर रहूँ, यदि आदर्श से मेरा अस्तित्व मिला रहे, तो मैं संतुष्ट हूँ।

—पत्रावली, पृ. 231

❋ ❋ ❋

स्वतंत्रता और सत्य ही हमारे आदर्श हैं। जिस प्रकार रात्रि के पश्चात् दिन

निकलता है, उसी प्रकार हमारे प्रयत्न भी सत्य हैं, और सत्य को निश्चित रूप से सफलता मिलेगी। हमारा शरीर नष्ट हो सकता है। अटल विश्वास और अजेय संकल्प के कारण हमारी विजय अवश्य होगी। यह तो केवल ईश्वर ही जानता है कि हमारे प्रयासों के सफल परिणाम को देखने का सौभाग्य किसे प्राप्त होगा। अपने संबंध में तो यही कह सकता हूँ कि अपना कार्य करता जाऊँगा। परिणाम जो होगा, देखा जाएगा। *—पत्रावली, पृ. 242–243*

❊❊❊

हममें आज केवल एक इच्छा होनी चाहिए, मर जाने की इच्छा जिससे भारत जीवित रहे, शहीदों की मृत्यु का सामना करने की इच्छा, ताकि स्वतंत्रता का मार्ग शहीदों के रक्त से आवृत्त हो सके।

—भारतीय धरती पर आई.एन.ए. (4 जुलाई, 1944)

❊❊❊

आधुनिकीकरण

हम संसार में अलग-थलग होकर नहीं रह सकते। जब भारत आजाद हो जाएगा तो वह अपने आधुनिक दुश्मनों से, आर्थिक और राजनीतिक क्षेत्रों में आधुनिक तरीकों से लड़ेगा। बैलगाड़ीवाले दिन बीत गए और सदैव के लिए पीछे छूट गए। जब तक सारा संसार हृदय से निरस्त्रीकरण की नीति स्वीकार नहीं कर लेता, स्वतंत्र संसार को सभी परिस्थितियों के लिए तैयार रहना है।

—अखिल भारतीय युवक सम्मेलन, कलकत्ता में भाषण (25 दिसंबर, 1928)

❊❊❊

आयु

आयु का अधिक होना ज्ञान, पांडित्य, अनुभव अथवा चरित्र आदि का द्योतक नहीं है और न युवा होना कोई जुर्म है। *—पत्रावली, पृ. 279*

❊❊❊

आलोचना

जब हम दूसरों की आलोचना करें, हम नियंत्रण और आत्मसंयम रखें। आत्मसंयमी और शालीन होकर हम कुछ खोएँगे नहीं, वरन् हम अधिक प्राप्त कर सकेंगे।

—आल इंडिया नौजवान भारत सभा, कराची में अध्यक्षीय भाषण (27 मार्च, 1931)

❊❊❊

आशा-निराशा

मेरे मन पर निराशावादी छाया कभी-कभी पड़ती है, लेकिन आशा फिर लौट आती है, जैसे आकाश में बिजली कौंध जाए। उसे कौन दबा सकता है ? वह आलोक जीवन को एक बार फिर वांछनीय बना देता है और मैं नए सिरे से पाता हूँ कि जीवन जीने योग्य है।

— मित्र हेमंतकुमार सरकार को पत्र (26 सितंबर, 1915)

❊ ❊ ❊

आशावाद

आज हमें भारत के सक्रिय दर्शन की आवश्यकता है। हमें ठोस आशावादिता से प्रेरित होना है। हमें वर्तमान काल में रहना है और अपने आपको आधुनिक परिस्थितियों के अनुकूल बनाना है।

— अखिल भारतीय युवक सम्मेलन कलकत्ता में भाषण (25 दिसंबर, 1938)

❊ ❊ ❊

मैं जन्मजात आशावादी हूँ और मैं किसी भी परिस्थिति में हार स्वीकार नहीं करूँगा।

— बर्मा से प्रस्थान (24 अप्रैल, 1945)

❊ ❊ ❊

आश्रम

हमारे पवित्र देश में आश्रम कोई नई संस्था नहीं है और साधु और योगी होना कोई नई बात नहीं। हमारे समाज में इनका सम्मानपूर्ण स्थान रहा है और रहेगा। लेकिन यदि हमें एक स्वतंत्र, सुखी और महान् नया भारत बनाना है तो इनके नेतृत्व का हमें अनुकरण नहीं करना है।

— अखिल भारतीय युवक सम्मेलन, कलकत्ता में भाषण (25 दिसंबर, 1938)

❊ ❊ ❊

आह्वान

उस कर्तव्य-कर्म के लिए कमर कस लो, जो तुम्हारे सामने है। आदमी, धन

और साधन स्वयं विजय और स्वतंत्रता नहीं ला सकते। इसमें प्रेरक शक्ति होनी चाहिए, जो हमें बहादुरी के कार्यों और वीरोचित कर्तृत्व के लिए प्रेरित करती है।

— भारतीय धरती पर आई.एन.ए. (4 जुलाई, 1944)

❊ ❊ ❊

जिस गहन अंधकार में आज संपूर्ण देश डूबा हुआ है, जिस विपिन्नावस्था और हाहाकार में आज स्वर्णभूमि बंगाल श्मशान के समान हो रही है, उसमें नए आलोक का संचार, नई शक्ति का उन्मेष, नए उत्साह का उद्दीपन, आपके अतिरिक्त और कौन कर सकता है ? जिस आह्वान से आपने एक दिन बंगालियों की नस-नस में जन-जीवन का संचार किया था, उसी से अब आप बंगालियों को जाग्रत् करें। जिस मंत्र-बल से आपने एक दिन बंगाल के घर-घर में प्राण-प्रतिष्ठा की थी, उसी मंत्र के साथ महाशक्तिरूपा होकर आप फिर हमारे मध्य अवतरित हों, तो यह अवसाद क्षणभर में समाप्त हो जाएगा। फिर हृदय में नवीन प्रेरणा, नया उत्साह आएगा, आशा के अरुण राग से रंजित होकर दसों दिशाएँ फिर हँस उठेंगी। बंगाल का संपूर्ण तरुण समाज आपके चरणों में भक्ति-अर्घ्य देगा।

— श्रीमती बासंती देवी के नाम पत्र (6 जुलाई, 1925)

❊ ❊ ❊

मित्रो, हम अपने देश के इतिहास के बहुत ही नाजुक दौर में पहुँच गए हैं, और यह उचित होगा कि हम अपनी सारी शक्तियों को एकत्र करें तथा जो भी शक्तियाँ हैं उनके विरुद्ध कठोर कदम उठाएँ। हम कंधे से कंधा मिलाकर खड़े हों और एक हृदय तथा एक स्वर से कहें कि हमारा उद्देश्य है—संघर्ष, अन्वेषण, उपलब्धि, न कि आत्मसमर्पण।

— महाराष्ट्र प्रांतीय कॉन्फ्रेंस, पूना में अध्यक्षीय भाषण (3 मई, 1928)

❊ ❊ ❊

मैं कामना करता हूँ कि आपके सभी कार्य हमारे ही समान हों। इस समान कर्तव्य, इस संघर्ष, पीड़ा और त्याग में हम सबको—पुरुष-स्त्री, लड़के अथवा लड़की, निर्धन अथवा धनी, युवक अथवा वृद्ध का अंतर किए बिना, कंधें से कंधा

मिलाकर खड़े होना चाहिए। अंतिम युद्ध प्रारंभ करना चाहिए और भारत की मुक्ति के दिवस के लिए शीघ्रता करनी चाहिए।

—भारतीय स्वतंत्रता लीग, सिंगापुर की महिलाओं को संबोधन

(12 जुलाई, 1943)

❋ ❋ ❋

सुबह से पहले अँधेरी घड़ी अवश्य आती है। बहादुर बनो और संघर्ष जारी रखो, क्योंकि स्वतंत्रता निकट है।

—आजाद हिंद रेडियो, जर्मनी से प्रसारण

(31 अगस्त, 1942)

❋ ❋ ❋

हम आम जनता, मजदूरों और किसानों के लिए स्वराज्य चाहते हैं। इसलिए मजदूरों और किसानों का कर्तव्य है कि जब भारत का भविष्य निर्मित हो रहा है, तो ऐसे अवसर पर वे अगुआ होकर सामने आएँ। यह प्राकृतिक नियम है कि जो आजादी के लिए लड़ते हैं और उसे प्राप्त कर लेते हैं, वे ही शक्ति और उत्तरदायित्व को अपने पास रखते हैं।

—आजाद हिंद रेडियो, जर्मनी से प्रसारण

(31 अगस्त, 1942)

❋ ❋ ❋

इच्छा-शक्ति

मेरे विचार से जो अतिमानस स्थिति के अस्तित्व को नहीं मानते, वे भी इच्छा-शक्ति के अस्तित्व को स्वीकार करते हैं और यह शक्ति—चाहे आप इसे किसी भी नाम से पुकारें—बराबर अपना काम करती है, चाहे इस शक्ति का आह्वान करनेवाला उसे ग्रहण करने की पूरी क्षमता न रखता हो।

—पत्रावली, पृ. 284-85

❋ ❋ ❋

इनसीन जेल

इनसीन भी लगभग रंगून जैसा ही है। हाँ, मैं समझता हूँ कि गरमियों में उतना गरम नहीं है। यहाँ वर्षा खूब होती है। मई के अंत तक वर्षा आरंभ हो जाती है और

अक्तूबर तक होती रहती है। मेरे अनुमान से यह मांडले जैसा तो गरम नहीं है, पर उससे अधिक नम अवश्य है।

—पत्रावली, पृ. 233

ईश-प्रार्थना

दयालु परमेश्वर ने हमें यह जीवन दिया है, यह स्वस्थ शरीर दिया है, बुद्धि और शक्ति दी है। ये सब बड़े बहुमूल्य वरदान हैं। लेकिन किस उद्देश्य की पूर्ति के लिए ये हमें मिलते हैं ? भगवान् ने हमें इतना सब-कुछ, निस्संदेह, इसलिए दिया है कि हम उनकी पूजा करें और उसका कार्य करें। लेकिन, क्या हम उसका कार्य करते हैं। हम दिन में एक बार भी तो हृदय से उसकी प्रार्थना नहीं करते। यह सोचकर बहुत ही पीड़ा और निराशा होती है कि हम उसे शायद ही कभी पुकारते हों, जो हमारे लिए इतना सब-कुछ कर रहा है, जो सदैव हमारा सखा है, सुख-दुःख का सहचर है। हम चाहे घर में हों या वन में, जिसका निवास हमारे हृदय में है, और जो हमारे इतने निकट है कि हमारा अपना ही है। हम महत्त्वहीन सांसारिक चीजों के लिए रोते हैं, लेकिन उस परमेश्वर के लिए हमारी आँखों में कभी एक भी आँसू नहीं उमड़ता।

—माता प्रभावती देवी को पत्र (सन् 1912-13)

❋❋❋

ईश्वर

उस लीलामय ने हमें संसार के भौतिक पदार्थों की लालसा से प्रेरित किया है और माया के मोह-जाल में उलझाया है। यह वैसा ही है, जैसे माँ अपने घरेलू काम-काज में व्यस्त हो, और शिशु अपने खिलौनों में। जब तक बच्चा अपने खिलौनों को परे हटाकर अपने हृदय की संपूर्ण शक्ति से माँ के लिए रोता नहीं है, तब तक माँ उसके पास नहीं आती। यह मानकर कि अभी तो बच्चा खेल में उलझा है। माँ समझती है कि उसे उसके पास जाने की कोई आवश्यकता नहीं है। लेकिन जब बच्चे की चीख उसके कानों में पड़ती है, तो वह तुरंत दौड़कर उसके पास आ पहुँचती है। यही खेल जगन्माता भी हमारे साथ खेल रही है। भगवान् को कोई भी तव तक नहीं पा सकता, जब तक उसके प्रति समर्पण शत-प्रतिशत न हो। यदि भगवान् को केवल कुछ अंश तक ध्यान देकर पाया जा सकता तो वे सब लोग, जो

सांसारिक सुखों में डूबे हैं, उसे पाने से क्यों वंचित रह जाते? उसके बिना सब कुछ शून्य है—नितांत शून्य, उसके बिना व्यक्ति का जीवन एक विडंबना है, एक असहनीय भार है।

— माता प्रभावती देवी को पत्र (सन् 1912-13)

❋ ❋ ❋

दयालु परमेश्वर जो कुछ भी करता है, संसार के हित के लिए करता है। इसकी अनुभूति हमको आरंभ में नहीं होती थी, क्योंकि हमारी बुद्धि तब तक कच्ची थी। जब हमें यह अनुभूति होने लगती है, तभी हम जान पाते हैं कि वास्तव में जो कुछ भी भगवान् कर रहा है, वह हमारी अच्छाई के लिए है।

— माता प्रभावती देवी को पत्र (सन् 1912-13)

❋ ❋ ❋

भगवान् की अनुभूति और अभिव्यक्ति के बिना जीवन व्यर्थ है। मनुष्य जो भी पूजा, अर्चना, ध्यान, चिंतन-मनन और प्रार्थना आदि करता है, उसका एक ही उद्देश्य है—भगवान् की प्रत्यक्षानुभूति। यदि यह उद्देश्य सिद्ध नहीं होता, तो उसके सभी प्रयास व्यर्थ हैं। जिसने एक बार भी ऐसे दिव्य आनंद की रसानुभूति कर ली, वह फिर कभी भी पापपूर्ण भौतिक जगत् की ओर दृष्टि नहीं डालेगा।

— माता प्रभावती देवी को पत्र (सन् 1912-13)

❋ ❋ ❋

मुझे अकसर यह अचंभा होता है कि लोग धन और संपत्ति मात्र से कैसे संतुष्ट हो पाते हैं? उसके बिना, जो समस्त सुखों की खान है। जीवन में कभी भी शाश्वत सुख नहीं मिल सकता। अगर हमें चिर-संतोष प्राप्त करना है, तो हमें उस तक पहुँचना होगा, जो सभी प्रसन्नताओं का अक्षय स्रोत है।

— माता प्रभावती देवी को पत्र (सन् 1912-13)

❋ ❋ ❋

ईश्वरचंद विद्यासागर

ईश्वरचंद विद्यासागर का पालन-पोषण एक कट्टर पंडित के तौर पर हुआ, परंतु वह आधुनिक बंगला गद्य के निर्माता और पाश्चात्य विज्ञान तथा संस्कृति के उन्नायक बने। साथ ही वह एक महान् समाज-सुधारक तथा परोपकारी भी थे। वह

जीवनपर्यंत एक कट्टर पंडित के सादे और तपस्वी जीवन को अपनाए रहे। उन्होंने साहसपूर्वक हिंदू विधवाओं के पुनर्विवाह के पक्ष में आवाज उठाई।

—आत्मकथा, अध्याय-3

❋ ❋ ❋

उठो, जागो

भारत ने अपना लगभग सब-कुछ खो दिया—उसने अपनी आत्मा तक खो दी है। लेकिन हमें फिर भी चिंतित नहीं होना चाहिए और आशा नहीं छोड़नी चाहिए। किसी कवि ने कहा है, तुमको अपना पौरुष फिर से प्राप्त करना है। हाँ, अवश्य ही फिर से मनुष्य बनना है। इस सुंदर भारत देश में इस समय ऐसे लोग विचर रहे हैं, जो निर्जीव अतीत की प्रेतात्माओं के समान हैं। चारों ओर निराशा है, मौत है, आरामतलबी है, बीमारी है, अटूट दुःख है—भारत के संपूर्ण क्षितिज पर दुर्भाग्य के बादल छा गए हैं।···लेकिन इस संपूर्ण निराशा, जड़ता, निर्धनता और भुखमरी के होते हुए भी तथा एक ओर भूख से पीड़ित लोगों की चीख-पुकार को डुबोते हुए, और दूसरी ओर विलासिता के दलदल में फँसे लोगों की पाखंडपूर्ण खिलखिलाहट को अनसुनी करते हुए, हमें दुबारा भारत का राष्ट्रीय संगीत छेड़ना है और वह है···उत्तिष्ठ, जाग्रत···उठो, जागो।

—मित्र हेमंतकुमार सरकार को पत्र (27 दिसंबर, 1915)

❋ ❋ ❋

उत्तरदायित्व समझें

हम हाथ-पर-हाथ रखकर नहीं बैठेंगे। मैं कह चुका हूँ कि युवा पीढ़ी अपने उत्तरदायित्व को भली-भाँति समझती है और वह पूरी तरह तैयार है। हमें अपने कार्यक्रम पर पूरी तरह विचार कर लेना चाहिए और अपनी पूर्ण योग्यता से इसे क्रियान्वित करने की योजना बनानी चाहिए।

—कलकत्ता अधिवेशन में भाषण (दिसंबर, 1928)

❋ ❋ ❋

उद्धार होगा

समय-समय पर पाप और अंधकार से परिपूर्ण धरती पर सत्य, ज्ञान, प्रेम और

पवित्रता का प्रकाश जिस प्रकार फैलता रहा है, उससे हमें आशा बँधती है कि अभी ऐसी स्थिति नहीं आई है कि हमारा उद्धार हो ही न सके। यदि ऐसा हो तो परमेश्वर इस धरती पर बार-बार मनुष्य के रूप में क्यों अवतरित होता?

—माता प्रभावती देवी को पत्र (सन् 1912-13)

❊❊❊

उद्योग

हम यह विश्वास नहीं करते कि भारत बिना शस्त्रों के प्रयोग के स्वतंत्रता प्राप्त कर सकता है, अत: हमको शस्त्रों के निर्माण के लिए आधुनिक उद्योगों को अपनाना होगा। हमको शत्रु से आधुनिक तरीकों और आधुनिक शस्त्रों से लड़ना है, अत: आधुनिक उद्योग हमारे लिए आवश्यक हैं।

—टोकियो विश्वविद्यालय के छात्रों को संबोधन (नवंबर, 1944)

❊❊❊

उपासना

जिसे हम पाना चाहते हैं, उसका संपूर्ण हार्दिकता और सच्चाई से आह्वान करें। इससे अधिक की जरूरत क्या है? जब चंदन और फूल का स्थान हमारी भक्ति और प्रेम ग्रहण कर लेते हैं, तो वह विश्व की सबसे सुंदर उपासना बन जाती है। शान-शौकत और भक्ति का कोई मेल नहीं है।

—माता प्रभावती देवी को पत्र (सन् 1912-13)

❊❊❊

एकतंत्रवाद

एकतंत्रवाद के अंतर्गत योग्य व्यक्तियों का टोटा हो जाता है और इससे उसके उद्देश्य को क्षति पहुँचती है। यह स्वाभाविक है, और संवैधानिक भी कि जो ज्ञान, विवेक, अनुभव आदि में श्रेष्ठ हैं, उसकी आवाज परिषद् में अधिक सुनी जाएगी और शेष लोग उसके विचारों के प्रति अधिक ध्यान देंगे। लेकिन वे उसके परामर्श को तात्त्विक मूल्य के कारण ही स्वीकार करेंगे और तदनुसार कार्य करेंगे, न कि इसलिए कि वह उस व्यक्ति की सलाह है।

—मित्र हेमंतकुमार सरकार को पत्र (26 सितंबर, 1915)

❊❊❊

औद्योगीकरण

औद्योगीकरण का अर्थ यह नहीं है कि हम अपने कुटीर उद्योगों की ओर से विमुख हो जाएँ। इसका अर्थ केवल यह है कि हमको यह निर्णय करना होगा कि कौनसे उद्योग कुटीर आधार पर विकसित किए जाने चाहिए और कौनसे बड़े पैमाने पर। उस विशेष राष्ट्रीय अर्थव्यवस्था में, जो आज भारत में विद्यमान है और अपने लोगों के सीमित साधनों को ध्यान में रखते हुए हमको बड़े पैमाने के उद्योगों के साथ-साथ कुटीर उद्योगों के विकास का भरसक प्रयत्न करना चाहिए। *—क्रास रोड्स, पृ. 68*

❊ ❊ ❊

कोई भी औद्योगिक प्रगति तब तक संभव नहीं है, जब तक कि हम उससे पहले औद्योगिक क्रांति के संघर्षमय दौर से न गुजरें। भले ही हम पसंद करें या न करें, किंतु हमें इस तथ्य से समझौता करना होगा कि आधुनिक इतिहास का वर्तमान युग औद्योगिक क्रांति से बचा नहीं रह सकता। *—क्रास रोड्स, पृ. 52*

❊ ❊ ❊

बेकारी की समस्या को हल करने के लिए औद्योगीकरण परम आवश्यक है। यद्यपि वैज्ञानिक खेती से उत्पादन में वृद्धि होगी, यदि हर स्त्री व पुरुष को भोजन देना है, तो जनसंख्या के एक बड़े भाग को कृषि से उद्योगों की ओर प्रत्यावर्तित करना होगा।

—क्रास रोड्स, पृ. 54

❊ ❊ ❊

हमारा ध्येय यह देखना है कि प्रत्येक स्त्री-पुरुष और बच्चे को बेहतर वस्त्र प्राप्त हों, बेहतर शिक्षा प्राप्त हो और उसके पास मनोरंजन एवं सांस्कृतिक गतिविधियों के लिए पर्याप्त अवकाश हो। अगर इस उद्देश्य को प्राप्त करना है तो औद्योगिक उत्पादन की मात्रा में काफी वृद्धि करनी होगी, आवश्यक कार्यशालाओं का गठन करना होगा और गाँव की आबादी के एक बड़े भाग को औद्योगिक व्यवसायों की ओर मोड़ना होगा।

—क्रास रोड्स, पृ. 67

❊ ❊ ❊

कर्तव्य

हमारे विशाल देश में प्रत्येक परिवार को अपनी विनम्र श्रद्धांजलि लेकर आगे बढ़ना होगा और जब तक हम अपने कर्तव्य का निर्वाह नहीं करते, हमें यह शिकायत करने का कोई अधिकार नहीं है कि हमारे नेता स्वार्थी हैं।

— भाई शरतचंद्र बोस को पत्र (23 अप्रैल, 1921)

❊❊❊

कर्म

यदि कर्म की व्याख्या विस्तृत दृष्टिकोण से करें, तो क्या परमात्मा ने हमें कार्य करने के लिए अलग-अलग क्षेत्र नियत नहीं किए हैं? और क्या यह क्षेत्र हमारे पूर्वजन्म के संस्कारों, हमारी वर्तमान इच्छाओं और हमारे वातावरण के अनुसार हमें नहीं मिला है? फिर भी हमारे लिए अपने कार्यक्षेत्र को पहचानना अथवा उसकी अनुभूति करना कितना कठिन कार्य है। यह कार्यक्षेत्र हमारे धर्म का बाह्य रूप है। कहना तो बड़ा सरल है कि 'स्वधर्म के अनुसार जीवन व्यतीत करो', परंतु यह जान लेना बहुत ही कठिन है कि हमारा 'धर्म' क्या है? यहीं पर आकर 'गुरु' की आवश्यकता पड़ती है; अपितु मैं तो यह कहूँगा कि उसके बिना काम नहीं चल सकता।

— पत्रावली पृ. 285

❊❊❊

हमारा रक्षक भगवान् है और उसकी इच्छा सर्वोपरि है। हम सब उसकी लीला के सहचर हैं, और हममें कितनी शक्ति है, यह उसकी कृपा पर निर्भर करता है। हम बगिया के माली हैं और वह सबका मालिक है। हम बगिया में काम करते हैं, लेकिन वहाँ के फल-फूल पर हमारा कोई अधिकार नहीं है। जो भी फल वहाँ होते हैं, उन्हें हम उसके चरणों में अर्पित कर देते हैं। हमें केवल काम करने का अधिकार है, कर्म ही हमारा कर्तव्य है। कर्म फल का स्वामी वह है, हम नहीं।

— माता प्रभावती देवी को पत्र

(सन् 1912-13)

❊❊❊

कला

यदि हमारे गुणी कलाकारों ने कला को जीवन से अविलंब संबद्ध नहीं किया तो हमारी क्या स्थिति होगी, इसकी कल्पना-मात्र से रोमांच हो जाता है।

—श्री दिलीपकुमार राय के नाम पत्र (9 अक्तूबर, 1925)

❊❊❊

कला और संगीत

कला और उसके आनंद को दरिद्रतम व्यक्ति के लिए भी बोधगम्य बनाना पड़ेगा। संगीत की विशिष्टता तो एक संकुचित सीमा में अवश्य रहेगी, परंतु उसे जनसाधारण के उपभोग के योग्य भी बनाना पड़ेगा। विशिष्ट साधनों के अभाव से, जैसे संगीत का आदर्श नष्ट हो जाता है, वैसे ही जनसाधारण के लिए सुलभ न होने पर भी कला और जीवन का संबंध-विच्छेद हो जाता है। मेरे विचार से तो कला लोकसंगीत और लोकनृत्य के द्वारा ही जीवन से संयुक्त है।

—श्री दिलीपकुमार राय के नाम पत्र (9 अक्तूबर, 1925)

❊❊❊

कलाकार

जो इस जन्म में कलाकार नहीं बन सका, तो फिर वह कभी भी कलाकार नहीं बन सकेगा। मेरा विश्वास है कि कला प्रकृति की देन है, मानव-प्रयास का फल नहीं।

—श्री दिलीपकुमार राय के नाम पत्र (9 अक्तूबर, 1925)

❊❊❊

कष्ट-सहन

अपनी राष्ट्रीय आजादी के लिए जितनी अधिक यातनाएँ हमें भोगनी पड़ेंगी, जितना अधिक त्याग हमें करना पड़ेगा, उसी मात्रा में भारत की इज्जत भी दुनिया की नजरों में बढ़ेगी। *—आजाद हिंद रेडियो, जर्मनी से प्रसारण (31 अगस्त, 1942)*

❊❊❊

कष्टों का निस्संदेह एक आंतरिक नैतिक मूल्य होता है।

—क्रास रोड्स, पृ. 366

❊❊❊

कस्तूरबा

वह भारतीय नारीत्व का आदर्श थीं—शक्तिशाली, सहिष्णु, शांत और स्वयं-पूर्ण। कस्तूरबा लाखों भारतीय पुत्रियों के लिए प्रेरणास्रोत थीं, जिनके बीच में वह घूमीं और जिनसे वह मातृभूमि की स्वतंत्रता के संघर्ष में मिलीं। दक्षिण अफ्रीका में सत्याग्रह के दिनों से उन्होंने अपने महान् पति के कष्टों और परीक्षाओं में हिस्सा बँटाया।

…जब तक अंग्रेज भारत में रहते हैं, हमारे राष्ट्र के प्रति ये नृशंसताएँ और अत्याचार अनियंत्रित रूप से जारी रहेंगे। अब मात्र एक रास्ता है, जिससे भारत के युवक-युवतियाँ श्रीमती कस्तूरबा गांधी की मृत्यु का प्रतिशोध ले सकती हैं और वह है, भारत से ब्रिटिश शासन का पूर्ण समापन।

—कस्तूरबा के स्वर्गवास पर (22 जुलाई, 1944)

❋ ❋ ❋

काम पर विजय

काम पर विजय प्राप्त करने का प्रमुख उपाय है, सब स्त्रियों को मातृरूप में देखना और स्त्री मूर्तियों जैसे दुर्गा, काली, भवानी का चिंतन करना। स्त्री-मूर्ति में भगवान् या गुरु का चिंतन करने से मनुष्य शनैः शनैः सब स्त्रियों में भगवान् के दर्शन करना सीखता है। उस अवस्था में पहुँचने पर मनुष्य निष्काम हो जाता है। इसीलिए महाशक्ति को रूप देते समय हमारे पूर्वजों ने स्त्री-मूर्ति की कल्पना की है। व्यावहारिक जीवन में सब स्त्रियों को माँ के रूप में सोचते-सोचते मन शनैः शनैः पवित्र हो जाता है।

—श्री हरिचरण बागची को पत्र (1926)

❋ ❋ ❋

काम-वासना

मेरा विश्वास है कि काम-वासना की पूर्ति से बचाव और कामोत्तेजना पर नियंत्रण आसानी से हो सकता है। लेकिन किसी को यदि वैसी आध्यात्मिक उन्नति करनी है, जिसका निरूपण भारतीय योगियों और ऋषि-मुनियों ने किया है, तो केवल उतना ही यथेष्ट नहीं है। आवश्यकता होती है, उस मानसिक पृष्ठभूमि की, उन वृत्तियों और प्रेरणाओं को रूपांतरित करने की, जिसमें काम-वासना का उद्‌गम होता है। जब यह कार्य सिद्ध हो जाता है तो किसी स्त्री या पुरुष में कामोत्तेजना का संचार

करने की क्षमता नि:शेष हो जाती है तथा उस पर औरों की ऐसी क्षमता का कोई असर नहीं होता। वह वस्तुत: पूरी तरह कामातीत हो जाता है।

—आत्मकथा, अध्याय-6

❊ ❊ ❊

कारावास

मनुष्य को विवश होकर जेल में जिस निर्जनता में रहना पड़ता है, वही निर्जनता उसे जीवन की महत्त्वपूर्ण समस्याओं को भली-भाँति समझने का अवसर देती है। स्वयं मैं अपने संबंध में कह सकता हूँ कि मेरे व्यक्तिगत और समष्टिगत जीवन के बहुत जटिल प्रश्न एक वर्ष पहले की अपेक्षा अब समाधान के अधिक निकट पहुँचते जा रहे हैं। जिस विचार को पहले धुँधले रूप में देखता था, आज वही बहुत स्पष्ट हो उठा है। और किसी कारण से, भले ही कुछ लाभ न हो, परंतु अपनी अवधि समाप्त होने तक मुझे आध्यात्मिक क्षेत्र में बहुत लाभ होगा।

—श्री दिलीपकुमार राय के नाम पत्र (2 मई, 1925)

❊ ❊ ❊

यदि मैं स्वयं कारावास नहीं भोगता, तो एक अपराधी या बंदी को उचित सहानुभूति की दृष्टि से नहीं देख सकता था। मुझे इस बात में तनिक भी संदेह नहीं है कि यदि हमारे देश के कलाकार और साहित्यकार कारावास के जीवन से परिचित होते तो हमारा शिल्प, साहित्य और भी समृद्ध होता। संभवत: यह भी नहीं कहा जा सकता कि काजी नजरुल इसलाम की कविता उनके जेल-जीवन की अभिज्ञता की कितनी ऋणी है?

—श्री दिलीपकुमार राय के नाम पत्र (2 मई, 1924)

❊ ❊ ❊

कार्यकर्ता

हमारे राजनीतिक कार्यकताओं को शिक्षा और प्रशिक्षण दिया जाना चाहिए, ताकि हम भविष्य में अधिक अच्छे नेताओं को तैयार कर सकें।

—हरिपुरा कांग्रेस में अध्यक्षीय भाषण (19 फरवरी, 1938)

❊ ❊ ❊

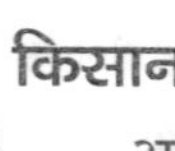

किसान

अहिंसक गुरिल्ला आंदोलन में किसान सदैव निर्णायक भूमिका निभाते हैं।

—आजाद हिंद रेडियो, जर्मनी से प्रसारण (31 अगस्त, 1942)

❋ ❋ ❋

कृतज्ञता

पर्वत के समान विशाल विपत्ति और दुःख को दूर रखकर, जो व्यक्ति दूसरों के लिए आँसू बहाते हैं, उनके प्रति लोग कृतज्ञ हुए बिना रह नहीं सकते।

—श्रीमती बासंती देवी को पत्र (23 जनवरी, 1926)

❋ ❋ ❋

केशवचंद्र

वह अपने समय के एक नायक थे। उनके ओजस्वी वक्तृत्व में जो आध्यात्मिक तेज होता था, उससे संपूर्ण समाज का नैतिक स्तर ऊँचा उठता था। विशेषतया उक्त पीढ़ी को बहुत प्रेरणा प्राप्त होती थी। *—आत्मकथा, अध्याय-3*

❋ ❋ ❋

क्रांति

किसी के जीवन में कोई भी महान् उपलब्धि, चाहे वह आंतरिक हो या बाह्य, क्रांति के बिना संभव नहीं होती। और इस क्रांति के दो चरण हैं—संशय और पुनर्निर्माण। *—आत्मकथा, अध्याय-6*

❋ ❋ ❋

खादी

मुझे यह कहने में प्रसन्नता का अनुभव हो रहा है कि भारत में खादी सहस्रों भूखे मुखों के लिए भोजन लेकर आई है।...उन लाखों भारतीयों को जो भूख की सीमा में रहते हैं, उनको खादी जीविका का साधन उपलब्ध करा सकती है।

—महाराष्ट्र प्रांतीय कॉन्फ्रेंस, पूना में अध्यक्षीय भाषण (3 मई, 1928)

❋ ❋ ❋

खुशामद

मैंने जीवन में कभी किसी की खुशामद नहीं की। दूसरों को अच्छी लगनेवाली

बातें करना मुझे नहीं आया। अपने नेता के जीवन-काल में जब सब लोग उनको संतुष्ट करने के लिए उनकी मनचाही बातें किया करते थे, तब भी मैं अप्रिय सत्य कहकर उनसे लड़ता रहता था।

—पत्रावली, पृ. 235

❊❊❊

खून दो

हम अपने खून से अपनी स्वतंत्रता का मूल्य चुकाएँगे, लेकिन ऐसा करके हम राष्ट्रीय एकता की नींव रखेंगे। हम अपनी आजादी को बनाए रखने में तभी समर्थ होंगे, जबकि हम इसे अपना बलिदान और खून देकर प्राप्त करें।

—भारत स्वतंत्रता संघ अधिवेशन, सिंगापुर (4 जुलाई, 1943)

❊❊❊

खेलकूद

अपने विगत जीवन पर दृष्टि डालते हुए मुझे सोचना पड़ता है कि खेलकूद के प्रति मुझे लापरवाही नहीं दिखानी चाहिए थी। ऐसा करके मैंने शायद असमय प्रौढ़ता की भावना विकसित कर ली और अंतर्मुखता की प्रवृत्ति में वृद्धि हुई। समय से पूर्व की परिपक्वता अच्छी नहीं होती, चाहे वह किसी वृक्ष की हो, या व्यक्ति की और उसका खमियाजा आगे चलकर भुगतना ही होता है। *—आत्मकथा, अध्याय-5*

❊❊❊

गणतंत्र

भारत में प्राचीन काल में भी शासन के प्रजातांत्रिक स्वरूप विद्यमान थे। वे बहुधा सजातीय जनजाति अथवा जाति पर आधारित होते थे। महाभारत में यह जनजातीय गणराज्य 'गण' के रूप में जाने जाते थे। इन पूर्ण गणतंत्रों के अतिरिक्त राजतंत्रों में भी लोगों को एक बड़ी सीमा तक स्वातंत्र्य प्राप्त था, क्योंकि राजा वस्तुतः एक संवैधानिक शासक हुआ करता है। अंग्रेज इतिहासकारों ने निरंतर इस तथ्य की उपेक्षा की है।

—दि इंडियन स्ट्रगिल, पृ. 7

❊❊❊

गांधी

अपनी हिमालय जैसी गंभीर भूलों के बाद भी महात्माजी नहीं बदलेंगे। यह

उपवास यदि नैतिक दबाव नहीं है तो क्या है, और अहिंसा के पुजारी को इसके सहारे की आवश्यकता क्यों होनी चाहिए? यह तथ्य कि वे उपवास के प्रश्न पर एक आंतरिक प्रकाश को देख सकते हैं, अहिंसा के स्वभाव को नहीं बदल सकता। यह नैतिक दबाव अथवा हिंसा को अहिंसा में परिवर्तित नहीं कर सकता।

जब यतींद्रदास ने भूख हड़ताल का सहारा लिया और अपने को उत्सर्ग कर दिया, तो महात्माजी ने उनके संबंध में सहानुभूति का एक भी शब्द नहीं कहा। यथार्थ में उन्होंने एक मित्र को यह लिखा—'वे यदि अपना मुँह खोलते तो वे कोई निंदनीय बात ही कहते'।

—क्रास रोड्स, पृ. 365

❋ ❋ ❋

गांधी कुछ अर्थों में, एक जटिल व्यक्तित्व हैं। गांधी के दो पक्ष हैं—गांधी एक राजनीतिक नेता के रूप में और गांधी एक दार्शनिक के रूप में। हम उनका अनुसरण एक राजनीतिक नेता की हैसियत से करते रहे हैं, परंतु हमने उनके दर्शन को स्वीकार नहीं किया है। *—टोकियो विश्वविद्यालय के छात्रों को संबोधन (नवंबर, 1944)*

❋ ❋ ❋

बोस वर्षों से भी अधिक समय से महात्मा गांधी भारत की मुक्ति के लिए कार्य कर रहे हैं। यह कहने में अतिशयोक्ति न होगी कि यदि वह 1920 में संघर्ष का नया हथियार लेकर सामने नहीं आते, तो संभवतः भारत अब तक पददलित ही रहता। भारत की आजादी के लिए उनकी सेवाएँ अनुपम और अद्वितीय हैं। वैसी ही परिस्थितियों में कोई भी अकेला व्यक्ति अपने जीवन में इतना हासिल नहीं कर सकता था।

—गांधीजी के जन्मदिन पर बैंकाक से प्रसारण (2 अक्तूबर, 1943)

❋ ❋ ❋

महात्मा गांधी एकमात्र ऐसे व्यक्ति हैं, जो जनता के सर्वसम्मत प्रतिनिधि के रूप में खड़े हो सके और उनको एक विजय दूसरी विजय की ओर ले जा सकी, और इसमें कोई संदेह नहीं है कि पिछली दशाब्दी में भारत एक शताब्दी के बराबर आगे बढ़ गया।

—तृतीय भारतीय राजनीतिक सम्मेलन में अध्यक्षीय भाषण (लंदन, 1933)

❋ ❋ ❋

महात्मा गांधी ने आजादी के सीधे मार्ग पर हमारे पैर दृढ़ता से जमा दिए हैं। वह और अन्य नेतागण अब जेल के सींखचों के पीछे सड़ रहे हैं। इसलिए महात्मा गांधी द्वारा शुरू किया गया कार्य देश और विदेश में रहनेवाले उनके देशवासियों को पूरा करना है।

—गांधीजी के जन्मदिन पर बैंकाक से प्रसारण (2 अक्तूबर, 1943)

❋❋❋

महात्मा गांधी ने भारत और भारत की स्वतंत्रता के लिए जो काम किया, वह इतना अनुपम और अद्वितीय है कि उनका नाम हमारे इतिहास में सदा-सदा के लिए स्वर्णाक्षरों में लिखा जाएगा।

—सुभाषचंद्र बोस, पृ. 57

❋❋❋

हमारी पीढ़ी ने राजनीतिक संघर्ष के रूप में महात्मा गांधी का अनुसरण किया है। किंतु सभी प्रश्नों पर उनके विचारों को स्वीकार नहीं किया। इसलिए महात्मा गांधी को भारत की वर्तमान पीढ़ी के विचार और चिंतन का प्रतिपादक मानना भूल होगी।

—टोकियो विश्वविद्यालय के छात्रों को संबोधन (नवंबर, 1944)

❋❋❋

गांधी और टैगोर

टैगोर और गांधी दोनों ही आधुनिक औद्योगिक सभ्यता के विरुद्ध हैं। परंतु संस्कृति के क्षेत्र में उनके विचार समान नहीं हैं। जहाँ तक चिंतन, कला और संस्कृति का संबंध है, टैगोर विदेशी प्रभाव को स्वीकार करने के लिए तैयार हैं। उनका विश्वास है कि संस्कृति के क्षेत्र में, भारत और शेष विश्व के मध्य पूरा सहयोग होना चाहिए और पारस्परिक आदान-प्रदान भी होना चाहिए। हमें किसी अन्य राष्ट्र की संस्कृति, कला अथवा विचारों का विरोधी नहीं होना चाहिए। संस्कृति के क्षेत्र में जहाँ टैगोर भारत और शेष विश्व के बीच पूर्ण सहयोग की हिमायत करते हैं, वहाँ गांधी का सामान्य रवैया विदेशी प्रभाव के प्रति विरोध का है।

—टोकियो विश्वविद्यालय के छात्रों को संबोधन (नवंबर, 1944)

❋❋❋

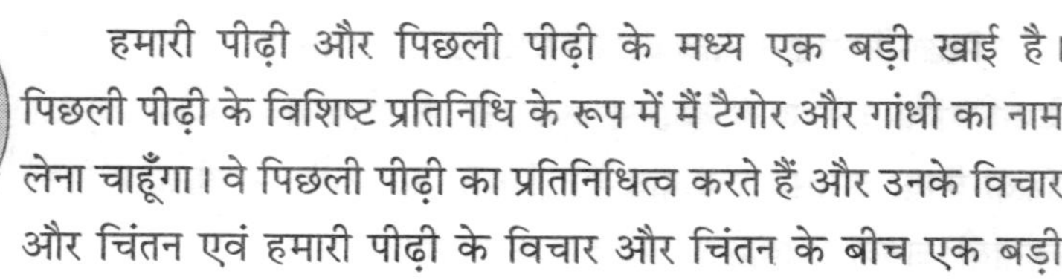

हमारी पीढ़ी और पिछली पीढ़ी के मध्य एक बड़ी खाई है। पिछली पीढ़ी के विशिष्ट प्रतिनिधि के रूप में मैं टैगोर और गांधी का नाम लेना चाहूँगा। वे पिछली पीढ़ी का प्रतिनिधित्व करते हैं और उनके विचार और चिंतन एवं हमारी पीढ़ी के विचार और चिंतन के बीच एक बड़ी खाई हैं।

अगर आप टैगोर और गांधी की कृतियों का अध्ययन करें तो आप यह पाएँगे कि उनके मस्तिष्क में सदैव यह द्वंद्व रहा है कि पश्चिमी प्रभाव के प्रति उनकी क्या प्रतिक्रिया होनी चाहिए। जहाँ तक महात्मा गांधी का संबंध है, उन्होंने इस सभ्यता का कोई स्पष्ट समाधान हमको नहीं दिया। उन्होंने पश्चिमी विचारों को स्वीकार करने के प्रति अपने दृष्टिकोण के बारे में लोगों को सदैव अनिश्चय की अवस्था में रखा।

—टोकियो विश्वविद्यालय के छात्रों को संबोधन (नवंबर, 1944)

❊❊❊

गृह उद्योग

प्रत्येक व्यक्ति जानता है अथवा उसे जानना चाहिए कि यूरोप और एशिया के रूस से विकसित देशों यथा जर्मनी और जापान में भी अनेकानेक गृह उद्योग हैं और जो समृद्ध स्थिति में हैं, तब हमें अपने देश के विषय में भय क्यों होना चाहिए?

—हरिपुरा कांग्रेस में अध्यक्षीय भाषण (19 फरवरी, 1938)

❊❊❊

चरित्र

दैनिक कार्य करके संतुष्ट रहने से ही हमारा काम नहीं चलेगा। इन सब कार्यों का लक्ष्य है—आत्मविश्वास उत्पन्न करना, इस बात को नहीं भूलना चाहिए। काम ही जीवन का परम लक्ष्य नहीं है। काम करते हुए चरित्र को विकसित करना पड़ेगा और जीवन का सर्वांगीण विकास भी करना होगा। मनुष्य को अपने व्यक्तित्व और प्रकृति के अनुसार वैशिष्ट्य लाभ अवश्य करना पड़ेगा। परंतु इस वैशिष्ट्य (विशेषज्ञता) से सर्वांगीण विकास भी होना चाहिए। जिस मनुष्य की सर्वांगीण उन्नति नहीं हुई है, उसे कभी संतोष नहीं मिलता। उसे मन में सदैव एक शून्यता या अभाव का बोध होता रहता है।

—श्री हरिचरण बागची को पत्र (1926)

❊❊❊

विद्यार्थी का प्राथमिक कर्तव्य है चरित्र-निर्माण। विश्वविद्यालय की शिक्षा चरित्र-निर्माण में सहायक होती है और हम किसी के चरित्र को उसके कार्यों द्वारा आँक सकते हैं। कार्य ही चरित्र को व्यक्त करता है। किताबी जानकारों से मुझे घोर वितृष्णा है। मैं चाहता हूँ—चरित्र, विवेक, कर्म। चरित्र के अंतर्गत सबकुछ आ जाता है—भगवान् की भक्ति, देशभक्ति, भगवान् को पाने की उत्कट आकांक्षा। किताबी जानकारी एक बेकार चीज होती है, जिसका कोई महत्त्व नहीं होता। लेकिन कितनी शोचनीय स्थिति है कि अनेक लोग उसी की डींग हाँकते रहते हैं। *—माता प्रभावती देवी को पत्र (सन् 1912-13)*

❋❋❋

चिंतन

एक बार जब तुम यह जान जाते हो कि चिंतन की पद्धति क्या है, तो फिर कोई भी आशंका नहीं है। हो सकता है कि किसी निष्कर्ष तक पहुँचना फिर भी कठिन लगे, लेकिन वह असंभव नहीं होगा।

—मित्र हेमंतकुमार सरकार को पत्र (16 सितंबर, 1915)

❋❋❋

मनुष्य जैसा चिंतन करता है, वैसा ही स्वयं बन जाता है। जो अपने-आपको दुर्बल और पापी समझता है, वह क्रमशः दुर्बल और पापी हो जाता है। जो अपने-आपको पवित्र और शक्तिशाली मानता है, वह पवित्र और शक्तिशाली बन जाता है। मनुष्य की जिस प्रकार की भावना होती है, उसी प्रकार की सिद्धि उसे प्राप्त होती है।

—श्री हरिचरण बागची को पत्र (1926)

❋❋❋

चिंता

अगर किसी को भगवान् में विश्वास है तो चिंता और भय उससे दूर रहते हैं। आखिर दुर्भाग्य का सामना होने पर भी कोई कर क्या सकता है? हमारे पास ऐसी कोई शक्ति नहीं है कि हम किसी का अपनी इच्छानुसार उपचार कर सकें। फिर हम चिंता क्यों करें?

—माता प्रभावती देवी को पत्र (सन् 1912-13)

❋❋❋

जिस प्रकार आकाश को छूने की आकांक्षा रखनेवाले को पथ के पर्वतों और कुंजों की उपेक्षा करनी पड़ती है, उसी प्रकार जो संपूर्ण हृदय से सबकुछ परे हटाकर अपने मनवांछित कार्य को पूरा करना चाहता है, उसे अन्य बातों की कतई चिंता नहीं करनी चाहिए।

—मित्र हेमंतकुमार सरकार को पत्र (31 अगस्त, 1915)

❊ ❊ ❊

जनता

भविष्य में भारतीय जनता को दूसरे देशों की सभी प्रकार की प्रगति और विशेषतया युद्ध-कौशल से घनिष्ठ संपर्क रखना चाहिए।

—गांधी के जन्मदिन पर बैंकाक से प्रसारण (2 अक्तूबर, 1943)

❊ ❊ ❊

जनशक्ति

स्वामी विवेकानंद कहा करते थे कि भारत की प्रगति केवल किसान, धोबी, चर्मकार और मेहतर द्वारा संभव बनेगी। ये शब्द बिलकुल सत्य हैं। पाश्चात्य संसार ने दिखा दिया है कि जनशक्ति से क्या कुछ उपलब्ध हो सकता है। इसका सबसे बड़ा उदाहरण है, विश्व का प्रथम समाजवादी लोकराज अर्थात् रूस। अगर भारत फिर ऊँचा उठेगा तो जनशक्ति के द्वारा ही।

—मित्र चारुचंद्र गांगुली को पत्र
(कैंब्रिज, 23 मार्च, 1920)

❊ ❊ ❊

जनसंख्या

स्वतंत्र भारत में लंबी अवधि के कार्यक्रमों के संबंधों में प्रथम समस्या, जिससे मुकाबला करना है, हमारी बढ़ती हुई जनसंख्या है। मैं इस सैद्धांतिक प्रश्न की ओर नहीं जाना चाहता कि भारत में जनसंख्या अधिक है अथवा नहीं। मैं तो मात्र यह संकेत करना चाहता हूँ कि जहाँ गरीबी, भूख, बीमारियाँ धरती को शिकार बना रही हैं, वहाँ हम एक शताब्दी में 3 करोड़ जनसंख्या की वृद्धि को स्वीकार करने में समर्थ नहीं हैं।

—हरिपुरा कांग्रेस में अध्यक्षीय भाषण (12 फरवरी, 1938)

जिज्ञासा

जिस प्रकार खिले हुए फूल के साथ सुगंध अनिवार्य रूप में रहती है, इस संबंध में कोई प्रश्न नहीं उठ सकता, उसी प्रकार जीवन में अन्वेषणकारी प्रश्नों का होना अनिवार्य है।

—मित्र हेमंतकुमार सरकार को पत्र (16 सितंबर, 1915)

❋ ❋ ❋

जिन्ना

व्यक्तिगत रूप से मैं मुसलिम लीग के अध्यक्ष मि. जिन्ना के प्रति आदर रखता हूँ। मैं और मेरी पार्टी उनके निकट संपर्क में रही है तथा अतीत में लीग के साथ सहयोग भी किया है, और मैंने न तो लीग और न ही उसके यशस्वी नेताओं का कभी विरोध किया है; किंतु अपनी मातृभूमि के अंगच्छेदन के लिए मैं पाकिस्तान योजना का उग्रतम विरोध करता हूँ। *—बर्मा से प्रसारण (12 सितंबर, 1944)*

❋ ❋ ❋

जीवन

अब मेरा यह विश्वास दृढ़ हो गया है कि जीवन खंडशः नहीं जिया जा सकता, वह संपूर्ण ही जिया जा सकता है। अगर हमने किसी विचार को स्वीकार किया तो उसके प्रति हमें अपने-आपको पूर्णतः समर्पित करना होगा, और उसे मौका देना होगा कि वह हमारे समग्र जीवन को रूपांतरित करे। अगर एक अँधेरे कमरे में प्रकाश की कोई किरण प्रवेश करे तो वह निश्चय ही उसके कोने-कोने को उजागर कर देगी।

—आत्मकथा, अध्याय-3

❋ ❋ ❋

जीवन का जब एक ढर्रा बँध जाता है, तब कभी-कभी वैचित्र्य की आवश्यकता होती है। *—भाभी, श्रीमती विभावती बसु को पत्र (12 फरवरी, 26)*

❋ ❋ ❋

दरअसल, हम मनुष्यों के वेश में ऐसे पशु हैं, जिनमें मानवोचित गुणों का कहीं पता ही नहीं चलता। बल्कि, कहना यह चाहिए कि हम पशुओं से भी गए-बीते हैं, क्योंकि हममें बुद्धि और चेतना है, जो पशुओं में नहीं होती। जन्म से ही हमारा पालन-पोषण आराम से और विलासिता के बीच होता है और इसीलिए कठिनाइयों

का सामना करने की अपनी क्षमता समाप्त हो जाती है। हम अपनी इच्छाओं के स्वामी नहीं बन पाते। हम जीवन-भर अपनी कामनाओं के दास रहते हैं और हमारे लिए जीवन भार बन जाता है।

—माता प्रभावती देवी को पत्र (1912-13)

❊ ❊ ❊

मुझे जीवन इतना प्रिय नहीं है कि उसके लिए चालाकी का सहारा लूँ। मूल्य के संबंध में मेरी धारणा बाजारू विचारों से भिन्न है। मेरा विचार है कि शारीरिक सुख या व्यक्तिगत सफलता की कसौटी पर जीवन की सफलता या असफलता का निर्णय नहीं किया जा सकता। हमारे संघर्ष का उद्देश्य भौतिक शक्ति प्राप्त करना नहीं है। विषय-लाभ करना हमारे जीवन का लक्ष्य नहीं हो सकता।

—पत्रावली, पृ. 242

❊ ❊ ❊

मेरी तो यह धारणा है कि यदि कारागृह में ही संपूर्ण जीवन व्यतीत करना पड़े, तब भी मेरा जीवन व्यर्थ नहीं जाएगा, क्योंकि जीवन की सफलता का मापदंड तो हृदय का विकसित होना है, न कि बाह्य सक्रियता।

—श्रीमती बासंती देवी को पत्र (20 दिसंबर, 1926)

❊ ❊ ❊

मैं अपने जीवन को एक सोद्देश्य कार्य के रूप में ले रहा हूँ। जीवन में सफलता या विफलता देना तो भगवान् के हाथ में है।

—श्रीमती बासंती देवी को पत्र (20 दिसंबर, 1926)

❊ ❊ ❊

जीवन का पुनर्निर्माण

यह पूरी तरह किसी व्यक्ति की मानसिकता पर निर्भर करता है कि उसके संशय का विस्तार किस हद तक होगा और वह किस हद तक अपने आंतरिक जीवन का पुनर्निर्माण करना चाहेगा, जिससे वह यथार्थ को नए सिरे से गढ़ने की ओर बढ़ सके। इस मामले में प्रत्येक पुरुष स्वयं ही अपना नियामक है।

—आत्मकथा, अध्याय-6

❊ ❊ ❊

जेल

कोई भी शिष्ट और सुशिक्षित व्यक्ति जेल में रहना पसंद नहीं कर सकता। जेल का वातावरण मनुष्य को विकृत और अमानुषीय बनाने में योग देता है। मेरी तो धारणा है कि यह बात सभी जेलों के लिए कही जा सकती है। बहुत से अपराधियों की कारावास में नैतिक उन्नति नहीं होती, अपितु उनका और भी अधिक पतन हो जाता है।

—श्री दिलीपकुमार राय के नाम पत्र (2 मई, 1925)

❊ ❊ ❊

जब तक जेल में अच्छी व्यवस्था एवं सामाजिक वातावरण की कमी है, तब तक कैदियों का सुधार होना असंभव है। और तब तक जेल-जीवन से मानव नैतिकता की ओर अग्रसर न होकर अवनत ही होता जाएगा।

—श्री दिलीपकुमार राय के नाम पत्र (2 मई, 1925)

❊ ❊ ❊

जेल के कष्ट शारीरिक की अपेक्षा मानसिक अधिक हैं। जहाँ अत्याचार और अपमान का आघात कम सहन करना पड़ता है, वहाँ बंदी-जीवन उतना कष्टप्रद नहीं होता। ये सूक्ष्म आघात तो ऊपर से ही होते हैं। जेल के अधिकारियों का इसमें कोई हाथ नहीं होता। मैं तो ऐसा समझता हूँ कि ये जो पीड़ाएँ हैं, वे पीड़ा देनेवालों के प्रति मनुष्य का मन घृणा से भर देती हैं।

—श्री दिलीपकुमार राय के नाम पत्र (2 मई, 1925)

❊ ❊ ❊

जेल में रहते-रहते आत्मनिष्ठ एवं वस्तुनिष्ठ सत्य एक हो जाते हैं। ऐसा प्रतीत होता है, मानो भाव और स्मृति सत्य में परिणत हो गए हैं। मेरा भी ऐसा ही हाल है। भाव ही इस समय मेरे लिए सत्य है। इसका कारण भी स्पष्ट है—एकत्व बोध में शांति है।

—श्री अनाथबंधु दत्त को पत्र (1926)

❊ ❊ ❊

वास्तव में मैंने जेल में आकर बहुत कुछ सीखा है। जीवन के बहुत से सत्य, जो किसी समय छाया से लगते थे, अब स्पष्ट हो गए हैं। अनेक नई अनुभूतियों ने मेरे जीवन को सबल और गंभीर बना दिया है। यदि ईश्वर ने कभी मुझे अवसर

दिया और जिह्वा को वाणी दी तो ये सब बातें अपने देशवासियों को बताना चाहूँगा। *—श्री अनाथबंधु दत्त को पत्र (1926)*

❋ ❋ ❋

संसार ईश्वर की कृति है, परंतु जेलें मानव-निर्माण का प्रतीक है। उनका अपना एक अलग ही संसार है, जिसके ऊपर सभ्य समाज के विचारों एवं प्रथाओं का शासन नहीं मिलता। अपनी आत्मा का पतन किए बिना, अपने जीवन को एक बंदी के जीवन के अनुरूप बना लेना कोई सरल कार्य नहीं है। ऐसा करने के लिए एक व्यक्ति को अपनी पुरानी आदतों के परित्याग के साथ-साथ अपने स्वास्थ्य एवं पौरुष का संरक्षण भी करना पड़ता है, हर प्रकार के नियमों की स्वीकृति के साथ-साथ उत्साह के उत्प्लावन का संरक्षण करना पड़ता है और दासता की अस्वीकृति के साथ-साथ स्थिरप्रज्ञता को बनाए रखने में आनंद अनुभव करना पड़ता है।

—श्री एन.सी. केलकर के नाम पत्र (28 अगस्त, 1925)

❋ ❋ ❋

ज्ञान

पूर्ण ज्ञान तभी संभव है, जब ज्ञात और ज्ञेय एकाकार हो जाएँ। मानसिक स्तर पर जो सामान्य चेतना का स्तर है, ऐसा होना संभव नहीं है। यह अतिमानसिक स्तर पर अथवा चेतना द्वारा ही संभव होता है। लेकिन अतिमानसिकता और चेतना के अतिमानसिक स्तर की हिंदू-दर्शन की धारणा, उसकी अपनी अनोखी धारणा है, जिसको पाश्चात्य दार्शनिक स्वीकार नहीं करते। हिंदू-दर्शन के अनुसार पूर्ण ज्ञान की उपलब्धि तभी संभव है, जब हम यौगिक बोध अर्थात् किसी प्रकार के अंत:प्रज्ञात्मक बोध द्वारा अतिमानसिक स्तर तक पहुँच सकें। *—आत्मकथा, अध्याय-10*

❋ ❋ ❋

झाँसी की रानी

दुर्भाग्य से झाँसी की रानी हार गई। यह उनकी हार नहीं थी, यह भारत की हार थी। उनकी मृत्यु हो गई, किंतु उनकी आत्मा कभी नहीं मर सकती। भारत एक बार फिर झाँसी की रानियों को पैदा करेगा और विजय की ओर प्रयाण करेगा।

—आई. एन.ए. के महिला वर्ग के लिए रानी झाँसी प्रशिक्षण शिविर के उद्घाटन पर भाषण (22 अक्तूबर, 1943)

❋ ❋ ❋

टैगोर

आपका संदेश अमर जवानी का संदेश है। आपने केवल कविता ही नहीं लिखी है और कला का ही सृजन नहीं किया है, वरन् आप कविता और कला के लिए जिए भी हैं।

—क्रास रोड्स पृ. 203

❋ ❋ ❋

त्याग

अगर चितरंजन दास अपनी वर्तमान अवस्था में सब-कुछ त्याग सकते हैं, और जीवन की अनिश्चितताओं का सामना कर सकते हैं तो मुझे विश्वास है कि मेरे जैसा नवयुवक, जिसे परेशान करनेवाली कोई भी सांसारिक चिंता नहीं है, वैसा कदम उठाने के लिए सक्षम है।

—भाई शरतचंद्र बोस को पत्र (16 फरवरी, 1921)

❋ ❋ ❋

हम तो मिट्टी के पुतलों के समान हैं। हम भगवान् के प्रकाशपुंज के कुछ स्फुलिंग मात्र हैं। हमें इन विचारों के समक्ष आत्मसमर्पण करना पड़ेगा। देह के सुख-दुःखों का परित्याग करके, जो इस प्रकार आत्म-निवेदन कर सकते हैं, जीवन में उनकी सफलता अवश्यंभावी है।

—पत्रावली, पृ. 242

❋ ❋ ❋

त्याग और कष्ट-सहन

त्याग और कष्ट-सहिष्णुता अपने आपमें बहुत आकर्षक चीजें हैं। लेकिन मैं उनसे बच नहीं सकता, क्योंकि मेरा दृढ़ विश्वास है कि उनके बिना हमारी राष्ट्रीय आकांक्षाओं की पूर्ति हरगिज नहीं हो सकती। यह केवल एक संयोग है कि इस काम के लिए मैं आगे जा रहा हूँ, न कि कोई और। यदि हम किसी पराये व्यक्ति के त्याग का अनुमोदन करते हैं, तो कोई कारण नहीं कि हम अपने ही मामले से उसका अनुमोदन क्यों न करें।

—भाई शरतचंद्र बोस को पत्र (24 अप्रैल, 1921)

❋ ❋ ❋

त्यागपत्र

पिताजी को आशंका है कि मैं अपनी जीविका का साधन चौपट कर रहा हूँ और मैं भविष्य में अपने लिए अकथनीय कष्टों के बीज बो रहा हूँ। मैं नहीं जानता कि मैं उन्हें कैसे समझाऊँ कि जिस क्षण मैं त्यागपत्र दूँगा, वह मेरे जीवन का एक सर्वाधिक गौरवशाली और आनंददायक क्षण होगा।

— भाई शरतचंद्र बोस को पत्र (6 अप्रैल, 1921)

❋ ❋ ❋

मैं जानता हूँ कि त्याग का अर्थ क्या है। इसका अर्थ है गरीबी, कष्ट, कठोर परिश्रम और ऐसी कठिनाइयों को गले लगाना, जिन्हें बताने की आवश्यकता मुझे नहीं है, लेकिन जिसका अनुमान आप भली-भाँति लगा सकते हैं। लेकिन यह त्याग मुझे जान-बूझकर और सचेत होकर करना ही होगा।

— भाई शरतचंद्र बोस को पत्र (6 अप्रैल, 1921)

❋ ❋ ❋

दयानंद

लगभग उसी समय जबकि बंगाल में रामकृष्ण परमहंस सफलता प्राप्त कर रहे थे, उत्तर पश्चिमी भारत में एक और प्रमुख धार्मिक व्यक्तित्व विकसित हो रहा था। वह आर्य-समाज के संस्थापक दयानंद सरस्वती थे। स्वामी दयानंद सरस्वती के अनुसार लोगों के लिए विशुद्ध आर्यधर्म की ओर लौटना और प्राचीन आर्यों जैसे जीवन को जीना वांछनीय था। उनका विशिष्ट नारा था—वेदों की ओर लौटो। जबकि ब्रह्मसमाज कुछ सीमा तक पश्चिमी संस्कृति और ईसाई मत से प्रभावित था, आर्यसमाज ने अपनी प्रेरणा-शक्ति देशीय स्रोतों से प्राप्त की।

—दि इंडियन स्ट्रगिल, पृ. 22-23

❋ ❋ ❋

दान

आखिरकार जिसने कुछ कमाया है, वही तो कुछ देने की स्थिति में होगा।

—मित्र हेमंतकुमार सरकार को पत्र (3 अक्तूबर, 1915)

❋ ❋ ❋

केवल दान करना संगठित उदारता का लक्ष्य नहीं हो सकता; बदले में कुछ दिए

बिना ग्रहण करने से आत्मसम्मान को ठेस पहुँचती है। यह भाव सहायता लेने वाले गरीबों के मन में जाग्रत् करना चाहिए।

श्री हरिचरण बागची के नाम पत्र (3 जुलाई, 1925)

दुःख

जब मैं गंभीरता से विचार करता हूँ तो देखता हूँ कि हमारे समस्त दुःखों के भीतर एक महान् उद्देश्य छिपा हुआ है। यदि हम जीवन में हर क्षण इस तथ्य को स्मरण रखें, तो दुःख, कष्ट सहन करने में हमें कोई पीड़ा न होगी।

— श्री दिलीपकुमार राय के नाम पत्र (2 मई, 1925)

❊❊❊

जो भगवान् को प्रिय हैं, उन पर निरंतर दुःख की वर्षा होती है। क्या यह बात एकदम असत्य है? क्या यह बात भी एकदम झूठ है कि मनुष्य का हृदय जितना बड़ा होता है, उसका दुःख भी उतना ही बड़ा होता है?

— पत्रावली, पृ. 247

❊❊❊

दुःख सहन करने में एक प्रकार के आनंद की अनुभूति होती है। यदि ऐसा न होता तो लोग पागल हो जाते; कष्टों के बीच रहते हुए भी पूर्ण प्रसन्नता के साथ कैसे हँसते? जिस वस्तु में बाहर से देखने पर कष्ट दिखाई देते हैं, उसमें भीतर झाँकने पर आनंद का बोध होता है।

— श्री अनाथबंधु दत्त को पत्र (1926)

❊❊❊

दुःख सहन किए बिना मनुष्य कभी भी हृदय के आदर्श के साथ अभिन्नता अनुभव नहीं कर सकता, और परीक्षा में पड़े बिना मनुष्य कभी निश्चित रूप से नहीं बता सकता है कि उसके पास कितनी शक्ति है। इस अभिज्ञता के कारण मैंने अपने आपको और भी अच्छी तरह से पहचान लिया है और अपने ऊपर मेरा विश्वास पहले से सौगुना अधिक बढ़ गया है।

— श्री अनिलचंद्र विश्वास को पत्र (1925)

❊❊❊

मैं इतना बलवान या पाखंडी नहीं हूँ कि सब प्रकार के दुःख प्रसन्नता से सहन कर लूँ। कुछ लोग इतने अभागे हैं कि मानो सब प्रकार के दुःख सहन करने के लिए ही उन्होंने जन्म लिया है। यदि किसी को दुःख का प्याला पीना हो तो अपने आपको भूलकर ही पीना अच्छा है। इस प्रकार का आत्मसमर्पण भाग्य के सब आघातों को एकदम व्यर्थ न भी कर सके, परंतु इससे हमारी स्वाभाविक सहनशीलता निश्चित ही बढ़ती है। जहाँ बर्ट्रेंड रसेल ने यह कहा है कि जीवन के सब दुःख ऐसे हैं, जिनसे मनुष्य उबरना चाहता है, वहाँ उसने पूर्णतः संसारी मनुष्य-भाव ही व्यक्त किया है। मेरा अनुमान है कि जो केवल निष्कलंक साधुता का ढोंग करता है, वही इस बात का प्रतिवाद करेगा।

—श्री दिलीपकुमार राय के नाम पत्र (25 जून, 1925)

***

समृद्ध और अनंत आनंद- स्रोत में पहुँचने की संभावना होने पर क्या तुम छोटे-छोटे दुःखों को सहन करना अस्वीकार कर देते ? मैं तो दुःख या उत्साहहीनता का कोई कारण नहीं देखता, अपितु मेरी तो धारणा है कि दुःख श्रेष्ठ कर्म और महान् सफलता की प्रेरणा देंगे। तुम्हारा क्या विचार है ? दुःख सहन किए बिना जो उपलब्धि होती है, क्या उसका कोई मूल्य है ?

—श्री दिलीपकुमार राय के नाम पत्र (2 मई, 1925)

***

हम धर्मग्रंथों में पढ़ते हैं कि दुःख में सुख छिपा है। यह बात शत-प्रतिशत सत्य है। कर्म में यदि मनुष्य को सुख न मिले तो वह कभी भी प्रसन्नचित्त से कष्ट सहन नहीं कर सकता। निश्चित ही जो मनुष्य दूसरों के लिए कष्ट भोगता है, उसे उस कष्ट में जितना सुख मिलता है, संभवतः उतना उसे अन्यत्र नहीं मिलता। माँ बच्चों के लिए, भाई भाई के लिए, बंधु-बंधु के लिए, देशभक्त देश के लिए जो दुःख भोगता है, उसमें यदि आनंद न होता तो क्या कोई भी इस कष्ट को सहन कर सकता था ?

—भाभी, श्रीमती विभावती बसु को पत्र (16 दिसंबर, 1925)

***

देशद्रोह

जब तक देशद्रोह को समय रहते रोका नहीं जाता और उसके लिए सजा नहीं

दी जाती, तब तक कोई भी देश अपनी स्वतंत्रता रखने की उम्मीद नहीं कर सकता।

—गांधीजी के जन्मदिन पर बैंकाक में प्रसारण (2 अक्तूबर, 1943)

❋ ❋ ❋

देशप्रेम

आज मैं भी एक वर्ष से अपने प्यारे देश से दूर हूँ और इस बात का अनुभव कर रहा हूँ कि मेरी जन्मभूमि मेरे लिए कितनी प्रिय है। वह मेरे लिए कितनी मधुर और सुंदर बन गई है। आज सोचता हूँ, मैं इस समय अपनी जन्मभूमि को जितना प्यार कर रहा हूँ, संभवतः मैंने जीवन में उसे उतना प्यार कभी नहीं किया और यदि उस स्वर्गादपि गरीयसी जन्मभूमि के लिए कष्ट सहन करना पड़ता है तो वह मेरे लिए आनंद का विषय क्यों नहीं होगा? आज देश से बाहर हूँ, देश से दूर हूँ, परंतु मन सदा वहीं रहता है और इसमें मुझे कितना आनंद अनुभव होता है।

—भाभी, श्रीमती विभावती बसु को पत्र (16 दिसंबर, 1925)

❋ ❋ ❋

देशबंधु

देशबंधु चले गए। सिद्धिदाता के उस वरद् पुत्र ने विजयमुकुट पहनकर ही भारत के विशाल कर्मक्षेत्र से दिव्यलोक की यात्रा की। आज उन्होंने महान् प्यार के द्वारा ही अमरत्व प्राप्त किया है। आज हमारे चारों ओर बाह्य संसार में अंधकार है, और हृदय में शून्यता है। जहाँ तक दृष्टि जाती है, वहाँ तक अंधकार-ही-अंधकार है। अंधकार की प्राचीर में आलोक-किरण के प्रवेश के लिए तिल-भर भी स्थान नहीं है।

—श्रीमती बासंती देवी को पत्र (6 जुलाई, 1925)

❋ ❋ ❋

देश-विभाजन का विरोध

हमने संयुक्त और स्वतंत्र भारत के निर्माण का प्रस्ताव किया है। इसलिए उसके विभाजन और उसे टुकड़ों में काटने के सभी प्रयत्नों का विरोध करेंगे—हम अनुभव करते हैं कि देश का विभाजन उसे आर्थिक, सांस्कृतिक और राजनीतिक रूप से नष्ट कर देगा।

—बर्मा से प्रसारण (12 सितंबर, 1944)

❋ ❋ ❋

देशसेवा

जब मैं आपसे अपील कर रहा हूँ कि आप मुझे त्यागपत्र देने (आई.सी.एस. से) की अनुमति दें, तो मैं आपका अनुग्रह अपने लाभ के लिए नहीं, बल्कि अपने अभागे देश के लिए चाहता हूँ, जिसको पूर्णत: समर्पित जनों की बहुत अधिक आवश्यकता है। आपको यह मानकर चलना होगा कि मेरे लिए जो पैसा खर्च किया गया है, वह मातृभूमि के चरणों में अर्पित किया गया है और उससे किसी प्रतिफल की आशा नहीं करनी चाहिए।

— भाई शरतचंद्र बोस को पत्र (23 फरवरी, 1921)

❊ ❊ ❊

धन

मुझे धन से वितृष्णा है, क्योंकि धन ही सभी बुराइयों की जड़ है।

— माता प्रभावती देवी को पत्र (1912–13)

❊ ❊ ❊

हम व्यर्थ में धन के पीछे भागते हैं और नहीं जानते कि वास्तव में सच्चा धन क्या है। इस संसार में केवल वही व्यक्ति वास्तव में धनी है, जिसमें भगवान् के लिए प्रेम और भक्ति जैसे बहुमूल्य गुण हैं। उसकी तुलना में बड़े-बड़े सम्राट् भी भिखारियों के समान हैं। यह सचमुच आश्चर्य की बात है कि ऐसे बहुमूल्य कोष को खोने के बाद भी हम जीवित बचे हुए हैं।

— माता प्रभावती देवी को पत्र (1912–13)

❊ ❊ ❊

धनिकों से

भारतीय राष्ट्रीय सेना विजय-प्रयाण अथवा स्वतंत्रता के मार्ग में अपने रक्त की अंतिम बूँद तक बहाने के लिए प्रशिक्षण प्राप्त कर रही है। धनी व्यक्ति मुझसे पूछ रहे हैं क्या पूर्ण सैन्य-सज्जा का अभिप्राय उनकी संपत्ति के 10 या 5 प्रतिशत से है। मैं ऐसे व्यक्तियों से, जो प्रतिशत की बात कर रहे हैं, पूछूँगा कि क्या हम अपने सैनिकों से लड़ने और अपने रक्त का मात्र 10 प्रतिशत तथा शेष बचाए रखने के लिए कह सकते हैं।

— धनिकों से (26 अक्तूबर, 1946)

❊ ❊ ❊

धर्म

ईश्वर, आत्मा और धर्म-संबंधी धारणाओं का अंतिम सत्य जो भी हो, विशुद्ध व्यावहारिक दृष्टि से मैं कह सकता हूँ कि धर्म में आरंभ से ही अपनी रुचि तथा योगाभ्यास से मुझे बहुत लाभ हुआ। मैंने जीवन को गंभीरता से लेना सीखा। अपने कॉलेज-जीवन की दहलीज पर खड़े होकर मुझे अनुभव हुआ कि जीवन का कोई अर्थ और उद्देश्य है। उस उद्देश्य की पूर्ति के लिए शरीर और मन का नियमित शिक्षण आवश्यक है। *—आत्मकथा, अध्याय-6*

❊ ❊ ❊

धर्मांधता

धर्मांधता सांस्कृतिक आत्मीयता के मार्ग में सबसे बड़ा काँटा है और धर्मांधता को दूर करने के लिए निरपेक्ष एवं वैज्ञानिक शिक्षा से अधिक उपयुक्त और कोई उपाय नहीं है। इस प्रकार की शिक्षा एक अन्य प्रकार से भी उपयोगी है, इससे आर्थिक चेतना के विकास में सहायता मिलती है। आर्थिक चेतना का प्रभात धर्मांधता के अंधकार का विनाशक है।

—महाराष्ट्र प्रांतीय कॉन्फ्रेंस पूना के अध्यक्षीय पद से भाषण (3 मई, 1928)

❊ ❊ ❊

धैर्य

हमें अधीर नहीं होना चाहिए और यह आशा नहीं करनी चाहिए कि जिस प्रश्न का उत्तर खोजने में कितने ही लोगों ने अपना संपूर्ण जीवन समर्पित कर दिया, उसका उत्तर हमें एक-दो दिन में मिल जाएगा।

—मित्र हेमंतकुमार सरकार को पत्र (16 सितंबर, 1915)

❊ ❊ ❊

ध्वज

हम अनुभव करते हैं कि हम अपने स्वतंत्रता-ध्वज को एक दिन के लिए भी झुकाने को तैयार नहीं हैं। *—कलकत्ता अधिवेशन में भाषण (दिसंबर, 1928)*

❊ ❊ ❊

नवयुवक

आज के नवयुवक कल के नेता और राष्ट्र होंगे। वह विचार, जिसका युवकों

द्वारा समर्थन और अभिनंदन किया जाएगा, एक दिन समूचे राष्ट्र द्वारा समर्पित होगा। किंतु वह विचार, जो युवकों का समर्थन प्राप्त नहीं करता, स्वाभाविक मौत मर जाएगा।

—टोकियो विश्वविद्यालय के छात्रों को संबोधन (नवंबर, 1944)

❋ ❋ ❋

हमारे पास पवित्र और कठोर सिद्धांतोंवाले श्रेष्ठ नवयुवकों का एक दल होना चाहिए। हमारे देशवासियों की आँखें खुलनी चाहिए।

—मित्र हेमंतकुमार सरकार को पत्र (8 दिसंबर, 1915)

❋ ❋ ❋

नारी

जब तक भारतीय नारियाँ नहीं जागेंगी, भारत नहीं जाग सकता।

—मित्र हेमंतकुमार सरकार को पत्र (2 मार्च, 1920)

❋ ❋ ❋

मुझे विश्वास हो गया है कि जिस देश में इतने ऊँचे आदर्शोंवाली महिलाएँ हैं, वह प्रगति करके रहेगा। मेरा विश्वास है कि जो भारतीय महिलाएँ इस देश में आती हैं, उनमें देशभक्ति की गहरी भावना हिलोरें लेने लगती है, क्योंकि माँ का हृदय बहुत संवेदनशील और गंभीर होता है।

—मित्र हेमंतकुमार सरकार को पत्र (कैंब्रिज 2 मार्च, 1920)

❋ ❋ ❋

निर्भय

मैं जीवन की अनिश्चितताओं से कतई घबराता नहीं हूँ। मैं अच्छी तरह जानता हूँ कि मैं जानबूझकर आर्थिक हानि और शारीरिक असुविधा को गले लगा रहा हूँ। लेकिन मैं अपने कार्य के कष्टदायक परिणामों को सहने के लिए—चाहे वे तात्कालिक हों या दीर्घकालीन—तैयार हूँ।

—भाई शरतचंद्र बोस को पत्र (कैंब्रिज 23 फरवरी, 1921)

❋ ❋ ❋

नेता

एक ऐसे राष्ट्र में, जो दास रहा हो या मानसिक दासता से पीड़ित हो, नेतागण

एक बार कुरसी पर आरूढ़ हो जाने के बाद अपनी इच्छा से विलग होना नहीं चाहते। उनको नीचे खींचना पड़ता है और यह सचमुच एक कष्टदायी कार्य है। इस प्रकार के देश में लोग अन्य देशों की अपेक्षा, अंध वीरपूजा में अधिक प्रवृत्त होते हैं और इससे विमुख होने में उन्हें अधिक समय लगता है।

—क्रास रोड्स, पृ. 253

❊ ❊ ❊

राष्ट्र किसी नेता की पुरानी सेवाओं के प्रति कृतज्ञ तो रहता है और उन सेवाओं के लिए उससे प्रेम भी करता है, तथापि राष्ट्र उसका अनुसरण केवल तभी करेगा, जब तक वह समय के साथ-साथ चले और देशवासियों का पथ-प्रदर्शन करे। हर परिस्थिति में पूर्व बलिदान और कष्ट के भविष्य के नेतृत्व का अधिकारपत्र कभी नहीं बन सकते।

—क्रास रोड्स, पृ. 253

❊ ❊ ❊

नेता और सिद्धांत

अपने नेताओं का आदर, प्यार, उनकी श्लाघा और आराधना एक बात है, किंतु सिद्धांतों का आदर भिन्न है।

—कलकत्ता अधिवेशन में भाषण (दिसंबर, 1928)

❊ ❊ ❊

नेतृत्व

हमारे यहाँ ऐसी परंपरा है कि जिसको एक बार नेतृत्व देते हैं, उसके ऊपर इतना बोझ डाल देते हैं, और उससे इतनी आशाएँ करते हैं कि किसी भी मनुष्य के लिए इतना भार ढोना या आशाएँ पूर्ण करना संभव नहीं होता। राजनीति का संपूर्ण उत्तरदायित्व हम नेता को सौंपकर स्वयं निश्चिंत बैठे रहना चाहते हैं।

—श्री शरतचंद्र चट्टोपाध्याय को पत्र (मांडले 12 अगस्त, 1925)

❊ ❊ ❊

नैतिकता

वस्तुतः यदि कोई नैतिकता की राह पर चलना चाहता है तो यह हो ही नहीं

सकता कि वह किसी राजनीतिक संकट में न पड़े। आज व्यक्ति को अपने जीवन के छोटे से दायरे में ही जातिगत अनुभवों से होकर गुजरना होता है।

—आत्मकथा, अध्याय-3

❋ ❋ ❋

न्याय

जगत् के मूल में न्याय की प्रतिष्ठा है। उसे हमें मानना ही पड़ेगा। मैं इसीलिए यह विश्वास करता हूँ कि हमारा भी एक दिन आएगा, जब हम वर्तमान अभावों का प्रतिशोध गिन-गिन कर लेंगे। इस विश्वास के कारण ही हम वास्तविकता के भार से नहीं दबे, न दबाए ही जा सकेंगे।

—श्रीमती बासंतीदेवी को पत्र (26 अप्रैल, 1926)

❋ ❋ ❋

परख

चीजों की हमारी परख हमारे अपने विचारों और किसी व्यक्ति के बारे में हमारे आकलन पर निर्भर है।

—मित्र हेमंतकुमार सरकार को पत्र

❋ ❋ ❋

पराधीन देश

वास्तव में पराधीन देश का सबसे बड़ा अभिशाप यही है कि स्वतंत्रता-संग्राम में विदेशियों की अपेक्षा देशवासियों से ही लड़ना पड़ता है।

—श्री शरतचंद्र चट्टोपाध्याय को पत्र (मांडले 12 अगस्त, 1925)

❋ ❋ ❋

परिवर्तन

हमें युग की माँग के अनुसार अपने-आपको ढालना और कार्य करना है।

—मित्र हेमंतकुमार सरकार को पत्र (26 सितंबर, 1915)

❋ ❋ ❋

परीक्षा

हम परीक्षाओं के निकट आते ही बेचैन होने लगते हैं, लेकिन हम यह कभी नहीं

सोचते कि हमारे जीवन का प्रत्येक क्षण परीक्षा का क्षण है। हमारा परीक्षक हमारा प्रभु है, हमारा धर्म है। शैक्षणिक परीक्षाएँ न कोई ज्यादा महत्त्व की हैं, और न स्थायी मूल्य की। लेकिन जीवन की परीक्षाएँ अनंतकाल के लिए हैं। उनके नतीजे हमें इस जीवन में भुगतने होते हैं और आनेवाले जन्मों में भी।

— माता प्रभावती देवी को पत्र (सन् 1912–13)

❋ ❋ ❋

पर्यटन

यदि किसी को नितांत वैयक्तिक जीवन बिताना है, तो उसके लिए परिव्राजक के जीवन से बढ़कर और कोई जीवन नहीं है।

— मित्र हेमंतकुमार सरकार को पत्र

❋ ❋ ❋

पहाड़

पहाड़ पर शारीरिक श्रम बहुत बढ़ जाता है। हृदय को पावन करने वाली शांति मिलती है। पर्वतों के शांतिपूर्ण एकांतवास में जीवन स्वप्नवत् लगता है। पर्वतों के निकट फैलता हुआ कुहासे का आवरण किसी सुंदर कविता के स्वप्निल आवरण के समान प्रतीत होता है।

— मित्र हेमंतकुमार सरकार को पत्र
(21 अक्तूबर, 1915)

❋ ❋ ❋

पागलपन

यदि मनुष्य में पागलपन का तनिक भी अंश न हो तो भला कैसे काम चल सकता है? क्या पूर्णत: स्थिर मस्तिष्क होना उचित है?

— पत्रावली, पृ.256

❋ ❋ ❋

पिता

उनका दृष्टिकोण और सहानुभूति का दायरा बहुत व्यापक था, जिसका अदृश्य प्रभाव पूरे परिवार पर पड़ता था। मैंने उन्हें उड़ीसा के निवासियों के लिए अथवा

किसी भी अन्य प्रांत के लोगों के लिए एक भी अपशब्द कहते हुए कभी नहीं सुना। वह यद्यपि अपनी भावना की अभिव्यक्ति में मितभाषी और अलगाववाली वृत्ति के थे, लेकिन वे जहाँ कहीं भी होते और किसी के भी संपर्क में आते, उसी के प्रिय पात्र बन जाते थे।

—आत्मकथा, अध्याय-5

❋ ❋ ❋

पूर्ण लामबंदी

यदि हम बिना बलिदान और कष्टों के आजादी प्राप्त करते हैं तो यह निष्प्रयोजन होगी, क्योंकि हम उस आजादी को सँभालकर रखने में समर्थ नहीं होंगे, जो इतनी आसानी से प्राप्त की गई है। इसलिए हम अपनी आजादी को केवल कष्ट उठाकर प्राप्त करेंगे। मुझे दृढ़ विश्वास है कि हम पूर्ण लामबंदी द्वारा ही अपनी मातृभूमि को यथेष्ट सहायता दे सकते हैं।

—सिंगापुर में महिलाओं के समक्ष भाषण (12 जुलाई, 1943)

❋ ❋ ❋

पूर्ण स्वराज्य

अपने देश में राष्ट्रीय आंदोलन के प्रभात से ही हमने स्वतंत्रता की व्याख्या पूर्ण स्वराज्य के रूप में की है। उपनिवेशीय राज्य के रूप में हमने इसका अर्थ कभी नहीं लगाया। हमने स्वतंत्रता को पूर्ण स्वराज्य के रूप में ही समझा है। उपनिवेशीय राज्य की बातें हमारे देशवासियों को तनिक सा भी प्रभावित नहीं कर सकती, यहाँ तक कि तरुण पीढ़ी को भी नहीं, जो कि अभी विकसित हो रही है। हमको याद रखना चाहिए कि यह तरुण पीढ़ी ही भविष्य की उत्तराधिकारी है।

—कलकत्ता अधिवेशन में भाषण (दिसंबर, 1928)

❋ ❋ ❋

प्रकृति

अगर किसी आत्मा को सांत्वना देने और दुर्बल क्षणों में प्रेरणा का बल प्रदान करने के लिए प्रकृति न हो तो मैं सोचता हूँ कि मनुष्य जीवन में प्रसन्नता का अनुभव नहीं कर सकता। जब तक प्रकृति हमारी सहचरी न हो और हमारा मार्गदर्शन न करे, तब तक जीवन किसी मरुस्थल में निष्कासन का शाप भोगनेवाला बन जाता है, उसकी

ताजगी समाप्त हो जाती है, वह निष्क्रिय बन जाता है और जीवन का शुक्ल पक्ष धुँधलाने लगता है।

—भाई शरतचंद्र बोस को पत्र (कटक, 11 अक्तूबर, 1912)

❊ ❊ ❊

प्राकृतिक सौंदर्य के साथ अपने हृदय को एकाकार करना, मन को संयत करके प्रकृति की भाषा समझने का प्रयास करना, कष्टसाध्य अवश्य है, परंतु सामान्य रूप से यदि कोई यह कर सके तो उसका हृदय आनंद से ओतप्रोत हो जाएगा।

—श्रीमती विभावती वसु के नाम पत्र (शिलांग, 1927)

❊ ❊ ❊

प्रगति

जीवन में प्रगति का आशय यह है कि संदेह उठते रहने और उनके समाधान के प्रयास का क्रम चलता रहे।

—आत्मकथा, अध्याय-6

❊ ❊ ❊

जीवन शाश्वत निर्माण और संहार के जरिए प्रगति करता है। आज तुम जिस चीज का निर्माण करते हो, कल उसका संहार करो और किसी अन्य चीज का निर्माण आरंभ करो और फिर उसे मिटा दो। और यों यह क्रम लगातार चलता रहे।

—मित्र हेमंतकुमार सरकार को पत्र (16 सितंबर, 1915)

❊ ❊ ❊

प्रभाव

जीवन के आरंभिक वर्षों में जो छाप हम पर पड़ती है, वह अधिक समय तक टिकती है, वह अच्छी हो या बुरी और विकासशील बच्चे के मन पर उसका गहरा असर होता है।

—आत्मकथा, अध्याय-5

❊ ❊ ❊

प्रभु महिमा

अगर कोई प्रभु की महिमा के गीत नहीं गा सकता तो उसका जन्म व्यर्थ है।

—माता प्रभावती देवी को पत्र (1912-13)

❊ ❊ ❊

प्राथमिक शिक्षा

प्राथमिक शिक्षा में इंद्रिय शक्ति पर अधिक निर्भर रहना पड़ता है। इसका कारण यह है कि उस समय चिंतन-शक्ति और स्मरण-शक्ति भली भाँति जागती है। अतः जिस विषय के संबंध में बताया जाए—जैसे गौ, घोड़ा, फल, फूल तो इन पदार्थों को नेत्रों के सामने रखे बिना सिखाना कठिन होगा।

—श्री हरिचरण बागची को पत्र (1926)

❊ ❊ ❊

प्रार्थना

हम भगवान् की कृपा को गहन रूप में इसलिए नहीं महसूस कर पाते कि हम अज्ञानी हैं, अविश्वासी हैं और पक्के नास्तिक हैं। हम तभी प्रभु के लिए प्रार्थी होते हैं, जब हम कष्ट में होते हैं। और, तभी शायद कुछ हद तक सच्चाई से उसे याद करते हैं। लेकिन जैसे ही हमारा कष्ट दूर हो जाता है और हम बेहतर महसूस करने लगते हैं, वैसे ही हम प्रार्थना बंद कर देते हैं और भूल जाते हैं।

—माता प्रभावती देवी को पत्र (सन् 1912-13)

❊ ❊ ❊

प्रेम

जिसने किसी का लालन-पालन किया है, उसके प्रति उन्हें स्नेह हो ही जाता है—लेकिन इसमें कोई बड़ी बड़ाई की बात नहीं। परंतु जो व्यक्ति राह चलते किसी व्यक्ति को अपने हृदय से सर्वोच्च स्थान दे सकता है, अनुमान करो कि उसका हृदय कितना विशाल होगा और उसका प्रेम कितना महान्!

—मित्र हेमंतकुमार सरकार को पत्र

❊ ❊ ❊

मुझे अपने चारों ओर प्रेम की दिव्य लीला का प्रचार दिखाई देता है; मैं अपने अंत:करण में भी इसी वृत्ति को पाता हूँ कि मुझे अपने-आपको पूर्ण करने के लिए प्रेम से ओतप्रोत होना होगा और अपने जीवन का पुनर्निर्माण करने के लिए भी प्रेम को ही अपने जीवन का बुनियादी सिद्धांत बनाना होगा। इन सब विचारों का सपुंजन मुझे इसी एक निष्कर्ष की ओर प्रेरित करता है। *—आत्मकथा, अध्याय-10*

❊ ❊ ❊

फासिस्ट

भारतीय परिप्रेक्ष्य में 'फासिस्ट' शब्द का प्रयोग यदि वैज्ञानिक और तकनीकी अर्थ में किया जाए, तो सही अर्थ समझना कठिन है। यदि 'फासिस्ट' से उन लोगों की ओर इंगित होता है, जो अपने को 'हिटलर', 'सुपर हिटलर' अथवा 'पनपते हुए हिटलर' कहते हैं, तो यह कहा जा सकता है कि मानवता के ये नमूने दक्षिणपंथी शिविर में मिलते हैं।

—क्रास रोड्स, पृ. 205

❋ ❋ ❋

राष्ट्रीय समाजवाद (फासिज्म) राष्ट्रीय एकता और संगठन को सृजित करने और जनता की दशा को सुधारने में समर्थ रहा है। परंतु विद्यमान आर्थिक, व्यवस्था को जिसका निर्माण पूँजीवादी व्यवस्था पर हुआ था, पूरी तरह सुधारने में समर्थ नहीं हो पाया है। *—टोकियो विश्वविद्यालय के छात्रों को संबोधन (नवंबर, 1944)*

❋ ❋ ❋

फूट डालो नीति

फूट डालो और राज्य करो की नीति, यद्यपि इसके सुस्पष्ट लाभ हैं, शासक शक्ति के लिए किसी प्रकार शुद्ध वरदान नहीं है। वस्तुत: यह नीति नई समस्याओं और नई उलझनों को जन्म देती है।

—हरिपुरा कांग्रेस में अध्यक्षीय भाषण (19 फरवरी, 1938)

❋ ❋ ❋

बंगाल

आज बंगाल में सर्वत्र केवल अधिकारों के लिए छीना-झपटी चल रही है। जिसके पास क्षमता है, वह उस क्षमता की सुरक्षा के लिए चिंतित है और जिसके पास क्षमता नहीं है, वह क्षमता छीन लेने के लिए प्रयत्नशील है। दोनों पक्षों का कहना है कि देशोद्धार हो तो हमारे ही द्वारा हो, नहीं तो उसकी आवश्यकता ही नहीं है। इन क्षमता-लोलुप राजनीतिज्ञों के झगड़े और विवाद को छोड़कर और मौन रहकर आत्मोसर्ग कर सकें, क्या ऐसे कार्यकर्ता आज बंगाल में नहीं हैं?

—श्री भूपेंद्रनाथ बंद्योपाध्याय को पत्र (1926)

❋ ❋ ❋

बंगाल के शस्य श्यामल खेत, मधुगंधवाही मुकुलित आम्रनिकुंज, मंद-मंद धूप वाली संध्या की आरती, गाँव-गाँव के कुटीर प्रांगण की शोभा—यह सब दृश्य कल्पना में भी कितने सुंदर हैं!

—श्री अनाथबंधु दत्त को पत्र (1916)

❊ ❊ ❊

बंगाली

बंगालियों में इंद्रिय-सुख की कामना बहुत गहरी समाई हुई है। और यही कारण है कि कुशाग्र बुद्धि होते हुए भी इतने कमजोर हैं।

—मित्र हेमंतकुमार सरकार को पत्र (8 दिसंबर, 1915)

❊ ❊ ❊

यह देखकर मुझे गहरा दुःख होता है कि आजकल पश्चिमी शिक्षा के प्रभाव से बहुत से बंगाली नास्तिक बनते जा रहे हैं और अपने धर्म को ठुकरा रहे हैं। मुझे तब गहरा आघात लगता है, जब मैं देखता हूँ कि आज बंगाली शान-शौकत की जिंदगी की ओर बिना सोचे-विचारे ही बढ़ रहे हैं और चरित्रहीन होते जा रहे हैं। यह कितनी दयनीय स्थिति है कि आजकल के बंगालियों ने अपनी ही राष्ट्रीय वेशभूषा को तिरस्कार की दृष्टि से देखना सीख लिया है। मुझे इस बात से गहरी व्यथा होती है कि आज के बंगालियों में बहुत कम ऐसे लोग हैं, जिन्हें सुदृढ़, स्वस्थ और ओजस्वी व्यक्ति कहा जा सके।

—माता प्रभावती देवी को पत्र (1912-13)

❊ ❊ ❊

बंधन

आप अपनी आत्मा के आधे भाग को स्वतंत्र और आधे को बंधन में नहीं रख सकते। क्या कभी एक कमरे में दीपक जलाकर यह संभव है कि उसके एक भाग में प्रकाश हो और शेष अंधकार रहे। आप राजनीतिक लोकतंत्र की स्थापना करते समय लोकतंत्रात्मक समाज की स्थापना का विरोध नहीं कर सकते।

—महाराष्ट्र प्रांतीय कॉन्फ्रेंस पूना में अध्यक्षीय भाषण (3 मई, 1928)

❊ ❊ ❊

बड़ा परिवार

एक बड़े परिवार का सदस्य होना कई मायनों में एक बाधा है। इससे बच्चों को

अकसर आवश्यक व्यक्तिगत सार-सँभाल नहीं मिल पाती। इसके अलावा शिशु मानो एक भीड़ में खो जाता है, जिससे उसके व्यक्तित्व का समुचित विकास नहीं हो पाता। लेकिन साथ ही वह सामाजिकता को विकसित करता है और आत्मकेंद्रित भावना तथा अटपटेपन पर विजयी होता है।

—आत्मकथा, अध्याय-1

बर्मा

बर्मा में जातिभेद न होने के कारण यहाँ कला-संबंधी चर्चा किसी श्रेणी विशेष की सीमा में बद्ध नहीं है। इसका परिणाम यह हुआ कि बर्मा की कला चारों ओर फैल गई है। संभवतः इस कारण से तथा लोकसंगीत और लोकनृत्य के प्रचलन से ब्रह्मदेश में भारतवर्ष की अपेक्षा जनसाधारण में सौंदर्य-बोध की मात्रा अधिक है।

—श्री दिलीपकुमार राय के नाम पत्र (9 अक्तूबर, 1925)

✽ ✽ ✽

लोकसंगीत और नृत्य के संबंध में बर्मा एक अनोखा देश है। यहाँ शुद्ध देशी नृत्य और गान, पुरातनकाल से ही चले आ रहे हैं। उनसे वहाँ सुदूर देहातों के लाखों लोगों का मनोरंजन हो रहा है।*—श्री दिलीपकुमार राय के नाम पत्र (9 अक्तूबर, 1925)*

✽ ✽ ✽

बर्मा स्थित भारतीय

जब भारतीय स्वातंत्र्य के अंतिम युद्ध का इतिहास लिखा जाएगा, तो उस इतिहास में बर्मास्थित भारतीयों का सम्मानजनक स्थान होगा।

—बर्मा से प्रस्थान (24 मई, 1945)

✽ ✽ ✽

बर्मा स्थित भारतीयों से

मुझे कोई संदेह नहीं है कि भारतीय स्वतंत्रता के रक्षक, राष्ट्रीय सम्मान को बनाए रखने में हर वस्तु, यहाँ तक कि जीवन का भी बलिदान कर देंगे, ताकि अपने साथी जो अन्यत्र लड़ाई जारी रखेंगे स्वयं को प्रेरित करने के लिए हर समय आपके उज्ज्वल उदाहरण को अपने सामने रख सकें। *—बर्मा से प्रस्थान (24 मई, 1945)*

✽ ✽ ✽

यदि आपको अस्थायी रूप से झुकना पड़े तो वीरों की तरह झुको, आदर और अनुशासन के उच्चादर्श को कायम रखते हुए झुको। भारत की भावी पीढ़ियाँ, जो तुम्हारे महान् बलिदान के कारण गुलाम के रूप में जन्मेंगी, तुम्हारी कृतज्ञ होंगी और संसार के समक्ष अभिमानपूर्वक घोषणा करेंगी कि आप और उनके पूर्वज लड़े और मणिपुर, आसाम एवं बर्मा में लड़ाई हार गए, किंतु अस्थायी असफलता के द्वारा आपने अंतिम सफलता और गौरव का मार्ग तैयार किया।

—बर्मा से प्रस्थान (24 मई, 1945)

❋ ❋ ❋

बलिदान

अपने प्रयत्न, कष्ट-सहन और बलिदान का हम एक ही प्रतिफल चाहते हैं—अपनी मातृभूमि की स्वतंत्रता। भारत आजाद होने पर हममें से बहुत से लोग तो राजनीति से संन्यास ले लेना पसंद करेंगे।

—गांधीजी को संदेश (6 जुलाई, 1944)

❋ ❋ ❋

इस भावना से बड़ी सांत्वना और क्या हो सकती है। कोई सिद्धांत के लिए जिया और मर गया। एक आदमी को इस गान से बड़ा संतोष और क्या हो सकता है कि उसकी प्राणशक्ति उसके अधूरे कार्य को आगे बढ़ाने के लिए उस जैसी आत्मशक्तियों को उत्पन्न करेगी। एक आत्मा को इस निश्चितता से बड़े किस पुरस्कार की कामना हो सकती है कि उसका संदेश पहाड़ों और घाटियों में, उसके देश के विस्तृत मैदानों में कोने-कोने तक और सागर पार दूरस्थ देशों तक तरंगित होगा। अपने देश की वेदी पर शांतिपूर्ण आत्मोत्सर्ग से बढ़कर जीवन की संसिद्धि और क्या हो सकती है?

—क्रास रोड्स, पृ. 380

❋ ❋ ❋

प्रत्येक भारतीय को जानना चाहिए कि अंग्रेजों की जीत का तात्पर्य है, भारत का विनाश। समय और परिस्थितियाँ हमारे पक्ष में हैं। हम स्वतंत्रता प्राप्त कर सकते हैं, यदि हम लड़ने और बलिदान करने के लिए तैयार हों—समय आ गया है जबकि

स्वदेश और विदेश में रहनेवाले भारतीय एक नेता के नेतृत्व में हथियार लेकर इकट्ठे हों और ब्रिटिश साम्राज्यवादियों के विनाश के लिए आदेशों की प्रतीक्षा करें।

— भारत स्वतंत्रता संघ का अधिवेशन

(सिंगापुर, 4 जुलाई, 1943)

❋ ❋ ❋

भले ही कोई तात्कालिक और मूर्त लाभ न हो, तथापि कोई भी वेदना और बलिदान कभी निस्सार नहीं जाता। मात्र बलिदान और कष्ट के द्वारा ही कोई उद्देश्य सफल और प्रतिफलित हो सकता है और युग तथा स्थान में यही शाश्वत नियम लागू होता है कि शहीद के खून से ही धर्म अंकुरित होता है। *—क्रास रोड्स, पृ. 380*

❋ ❋ ❋

मुझे पूर्ण विश्वास है कि (निस्वार्थ बलिदान) भावना कभी नहीं कुचली जा सकती। भारत की स्वतंत्रता के लिए मैं उस भावना को बनाए रखने की प्रार्थना करता हूँ। मैं आपसे सिर ऊँचा उठाए रखने और उस आनंददायक (सौभाग्यशाली) दिन की प्रार्थना करता हूँ, जबकि एक बार फिर आपको भारत की स्वतंत्रता के लिए युद्ध ठानने का अवसर प्राप्त होगा।

—बर्मा से प्रस्थान (24 मई, 1945)

❋ ❋ ❋

मैं निश्चयात्मक रूप से कह सकता हूँ कि प्रत्येक भारतीय पुरुष और स्त्री, लड़के और लड़की के लिए आगे आने और भारत की मुक्ति के लिए महान् बलिदान करने का समय आ चुका है।

—भारतीय स्वतंत्रता लीग, सिंगापुर की महिलाओं को संबोधन (12 जुलाई, 1943)

❋ ❋ ❋

वेदना और बलिदानों से कोई व्यक्ति कभी हानि में नहीं रहता। यदि कोई व्यक्ति किसी पार्थिव पदार्थ को खाता भी है, तो वह बदले में अमर जीवन का उत्तराधिकारी होकर उससे अधिक प्राप्त कर लेगा। *—क्रास रोड्स, पृ. 380*

❋ ❋ ❋

बहिर्मुखी

अगर किसी को इस संसार में सभी से मिलना-जुलना है तो उसे अपने खोल से बाहर आना होगा।

—मित्र हेमंतकुमार सरकार को पत्र (19 दिसंबर, 1915)

❋ ❋ ❋

बहिष्कार

बहिष्कार या तो पूरा हो या बिलकुल नहीं। मैं उग्रवादी हूँ और मेरा सिद्धांत है—सबकुछ या कुछ नहीं। यदि सरकारी संस्थाओं पर कब्जा करने की हिमाकत करूँ तो मैं सरकारी संस्थाओं पर कब्जा करना चाहूँगा। अगर हमें बहिष्कार करना है तो फिर पूरी तरह से क्यों न करें और क्यों नहीं अपनी सारी शक्ति और ध्यान उसमें केंद्रित करें?

— कांग्रेस के लाहौर अधिवेशन में भाषण (दिसंबर, 1926)

❋ ❋ ❋

बाबू बेनीमाधवदास

उनके मुखमंडल पर ऐसी भावाभिव्यक्ति थी, जिसे मैं केशवचंद्र सेन के चित्रों में पाता था और यह आश्चर्यजनक नहीं था, क्योंकि वे केशवचंद्र के कट्टर भक्त और शिष्य थे।

—आत्मकथा, अध्याय-5

❋ ❋ ❋

बाबू संस्कृति

वर्तमान युग में भगवान् ने एक ऐसी नई चीज उत्पन्न की है, जो पिछले युगों में नहीं थी। यह नई सृष्टि है—बाबू की। हम सब बाबुओं की जमात में शामिल हैं। भगवान् ने हमें एक जोड़ी पाँव दिए हैं, लेकिन हम चालीस-पैंतालीस मील पैदल नहीं चल सकते हैं, क्योंकि हम बाबू हैं। हमें एक जोड़ी मजबूत हाथ मिले हैं, लेकिन हम हाथों से काम नहीं लेना चाहते, क्योंकि हम बाबू हैं। भगवान् ने हमें अच्छा-खासा शरीर दिया है, लेकिन सोचते हैं कि शारीरिक श्रम केवल निम्न जातियों को ही शोभा देता है, क्योंकि हम बाबू वर्ग के हैं। हर तरह के काम के लिए हम नौकर की चीख-पुकार मचाते हैं और स्वयं हाथ-पाँव नहीं हिला सकते, क्योंकि आखिर हम बाबूजी हैं। हालाँकि हमारा जन्म एक गरीब देश में हुआ है, लेकिन हम गरीबी नहीं सह सकते, क्योंकि हम बाबू हैं, इसलिए सरदी से हम इतने भयभीत रहते हैं कि अपने

आप को ढकने के लिए मोटे-से-मोटे लिहाफ तैयार कराते हैं। हर जगह हम बाबू के रूप में बन-ठन कर निकलते हैं, क्योंकि आखिर हम बाबू ही तो हैं।

—माता प्रभावतीदेवी को पत्र (सन् 1912-13)

❋❋❋

बाल-शिक्षा

वर्तमान समय में भारत में जो लोग बाल-शिक्षा की समस्या का समाधान करना चाहते हैं, उन्हें यह देखना होगा कि वे कौन से प्रतिकूल तत्त्व हैं, जो आज बच्चे की मानसिकता को प्रभावित कर रहे हैं। साथ ही यह भी देखना आवश्यक होगा कि वे कौन सी लोरियाँ हैं, जिन्हें गाकर आज माताएँ, मामियाँ, काकियाँ या नर्सें बच्चों को सुलाती हैं अथवा वे कौन से उपाय हैं, जिनसे किसी अनिच्छुक शिशु को राजी करके खाना खिलाया जाता है। अकसर बच्चा इन दोनों मामलों में डर के कारण ही कुछ करता है। बंगाल में एक सबसे अधिक लोकप्रिय लोरी में आधी रात के बाद वर्गी या पिंडारी लुटेरों के गिरोह का भयावह वर्णन किया जाता है। निस्संदेह, यह किसी अधनींदे बच्चे को सुलाने का बहुत प्रिय तरीका नहीं है। *—आत्मकथा, अध्याय-5*

❋❋❋

विलायत

कोई चाहे या न चाहे, इस देश का मौसम लोगों को फुरतीला बना देता है। यहाँ लोगों को काम में व्यस्त देखना बहुत अच्छा लगता है। प्रत्येक व्यक्ति समय के मूल्य के प्रति सचेत है और जो कुछ होता रहता है, उसके पीछे एक योजना होती है। मेरे लिए प्रसन्नता की इससे अधिक और कोई बात नहीं हो सकती कि गोरे लोग मेरी सेवा में लगे हुए हों और उन्हें मैं अपने जूतों पर पॉलिश करते हुए देखूँ। यहाँ विद्यार्थियों की एक हैसियत है और उनके प्रति प्रोफेसर का व्यवहार हमारे यहाँ से भिन्न है। यहाँ हम देख सकते हैं कि आदमी को आदमी से कैसे व्यवहार करना चाहिए। इनमें बहुत दोष हैं, लेकिन बहुत से मामलों में उनके गुणों के कारण हमें उनका आदर करना पड़ता है।

—मित्र हेमंतकुमार सरकार को पत्र (12 नवंबर, 1919)

❋❋❋

ब्रिटिश दमन

भारत ब्रिटिश साम्राज्य का हीरा है और उस हीरे को बचाए रखने के लिए ब्रिटिश जनता अंत तक लड़ेगी। इसलिए भारतीय जनता, विशेषकर उसके नेताओं को ऐसी सभी उम्मीदों को तिलांजलि दे देनी चाहिए कि अंग्रेज उनकी माँगें मान लेंगे। उन्हें तो उस समय तक संघर्ष करते रहना होगा, जब तक आखिरी अंग्रेज भारत से निकाल न दिया जाए। हमारे आंदोलन के आखिरी दिनों में बहुत से कष्ट झेलने पड़ेंगे और कत्लेआम का सामना करना पड़ेगा। लेकिन हमें आजादी की कीमत चुकानी होगी। यह स्वाभाविक ही है कि ब्रिटिश सिंह अपने आखिरी दिनों में खूँखार बनकर काटे, फाड़े लेकिन वह तो मर रहे शेर की हरकत है, जिसको हम झेल लेंगे।

— आजाद हिंद रेडियो, जर्मनी से प्रसारण (31 अगस्त, 1942)

❊ ❊ ❊

ब्रिटिश साम्राज्य

आत्मिक अध:पतन, सांस्कृतिक अपकर्ष, दारुण गरीबी और राजनीतिक दासता ही मात्र वे चीजें हैं, जिन्हें भारत ने ब्रिटिश साम्राज्यवाद से प्राप्त किया है। इसलिए इसमें कोई आश्चर्य नहीं कि भारतीय जनता ब्रिटिश जंजीरों को तोड़ने और स्वतंत्रता प्राप्त करने के लिए एक बार फिर साहस के साथ उठ खड़ी हुई है।

— जापान पहुँचने पर समाचार-पत्रों को वक्तव्य (19 जून, 1943)

❊ ❊ ❊

एक वृद्ध का जीवन कुशल चिकित्सकों, गुणकारी औषधियों एवं इंजेक्शनों की सहायता से बढ़ाया जा सकता है, किंतु उसके लाभकारी ओज को वापस नहीं लाया जा सकता। ब्रिटिश शासन अमेरिकन वैसाखियों पर आगे बढ़ने का प्रयास कर रहा है, किंतु ये अमेरिकन वैसाखियाँ ब्रिटेन की लंबे समय तक सहायता नहीं कर सकती।

— बैंकाक में भाषण (21 मई, 1945)

❊ ❊ ❊

यहाँ ऐसे व्यक्ति हैं, जो एक समय सोचते थे कि वह साम्राज्य, जिसमें सूर्य नहीं डूबता था, चिरंतन साम्राज्य है। ऐसे किसी विचार ने मुझे कभी परेशान नहीं किया। इतिहास ने मुझे सिखाया है कि प्रत्येक साम्राज्य का अपरिहार्य ह्रास और पतन होता है।

मैं अपनी आँखों से देख चुका हूँ कि शहर और किले, जो कभी सुरक्षित प्राचीर थे, विगत साम्राज्यों की कब्रें बन गए। ब्रिटिश साम्राज्य की कब्र पर खड़ा हुआ एक बच्चा भी विश्वास कर सकता है कि शक्तिशाली ब्रिटिश साम्राज्य अतीत की वस्तु बन चुका है।

—दिल्ली चलो, दिल्ली चलो (5 जुलाई, 1943)

❊ ❊ ❊

संसार में चाहे जो कुछ घटित हो, अंग्रेज भारत पर साम्राज्यवादी आधिपत्य की नीति में परिवर्तन नहीं करेंगे। ब्रिटिश साम्राज्य झुकेगा नहीं, चाहे समाप्त हो जाए। इसलिए किसी भारतीय को स्वप्न में भी यह सोचने की जरूरत नहीं है कि ब्रिटेन एक-न-एक दिन भारत की स्वतंत्रता को मान्यता देगा।

—टोकियो से प्रसारण (23 जून, 1943)

❊ ❊ ❊

ब्रिटिश साम्राज्यवाद

अगर अहिंसक गुरिल्ला युद्ध काफी लंबे समय तक चलता रहे तो आजादी निश्चित रूप से आएगी, क्योंकि विभिन्न मोर्चों पर हुई हार के संकलित परिणामस्वरूप ब्रिटिश साम्राज्यवाद अंततः छिन्न-भिन्न हुए बिना नहीं रह सकता। एक क्षण के लिए भी यह मत भूलिए कि ब्रिटिश साम्राज्य अपने अंतिम दौर में है।

—आजाद हिंद रेडियो, जर्मनी से प्रसारण (31 अगस्त, 1942)

❊ ❊ ❊

मैं जानता हूँ, हममें से कुछ सोच रहे होंगे कि ब्रिटिश साम्राज्यवाद अमर है और इसका अंत नहीं हो सकता। किंतु मैं जानता हूँ कि इतिहास की मरजी कुछ और ही है। इतिहास ने हमें सिखाया है कि प्रत्येक साम्राज्य उसी प्रकार गिरेगा, जिस प्रकार उसका उदय हुआ है। इसी तरह संसार से ब्रिटिश साम्राज्य के निष्क्रमण का समय आ चुका है।

—सिंगापुर में महिलाओं के समक्ष भाषण (12 जुलाई, 1943)

❊ ❊ ❊

हमारी नीति आजादी के लिए लड़ते रहने की होनी चाहिए, चाहे उसका परिणाम कुछ भी क्यों न निकले। युद्ध में सभी क्षेत्रों पर हो रही विनाशकारी हार के कारण ब्रिटिश साम्राज्य जल्द ही ढहकर टूट जाएगा और आखिर में जब साम्राज्य के

टुकड़े-टुकड़े हो जाएँगे तो सत्ता स्वत: जनता के हाथ लगेगी। लेकिन अंतिम जीत हमें अपने प्रयत्नों के फलस्वरूप ही मिलेगी। इसलिए यदि भारत में हमें क्षणिक धक्का लगे तो उससे चिंतित नहीं हो जाना चाहिए। विशेषकर तब जब हमें मशीनगनों, बमों, टैंकों और हवाई जहाजों का सामना करना पड़े। इस बीच चाहे जितनी बाधाएँ आएँ अथवा आघात लगें, हमारा कर्तव्य है कि उस समय तक राष्ट्रीय संग्राम जारी रखें, जब तक कि मुक्ति की घड़ी न आ जाए।

—आजाद हिंद रेडियो, जर्मनी से प्रसारण (31 अगस्त, 1942)

❊ ❊ ❊

भक्ति और प्रेम

भक्ति और प्रेम से मनुष्य नि:स्वार्थी बन जाता है। मनुष्य के मन में जब किसी व्यक्ति के प्रति श्रद्धा बढ़ती है तब उसी अनुपात में स्वार्थपरता घट जाती है। मनुष्य प्रयास करने पर प्रेम और भक्ति को बढ़ा सकता है और उसके फलस्वरूप स्वार्थपरता भी घटा सकता है। *—श्री हरिचरण बागची को पत्र (1926)*

❊ ❊ ❊

भगतसिंह

भगतसिंह विद्रोह की भावना के प्रतीक थे, जिसने देश के एक सिरे से दूसरे सिरे तक अधिकार कर लिया था। यह भावना अजेय है, और इस भावना द्वारा प्रज्वलित ज्योति कभी समाप्त नहीं होगी। स्वतंत्र होने की आशा करने से पूर्व भारत को अपने कितने ही पुत्रों को खोना पड़ सकता है।

—ऑल इंडिया नौजवान भारत सभा, कराची में अध्यक्षीय भाषण (27 मार्च, 1931)

❊ ❊ ❊

भगवान्

जहाँ मनुष्य सामर्थ्यहीन होता है, वहाँ वह इच्छा या अनिच्छा से, भगवान् की शरण लेता है।

—श्रीमती वासंतीदेवी के नाम पत्र (10 जुलाई, 1925)

❊ ❊ ❊

भजन

शांति तो तभी मिल सकती है, जब हम भगवान् के ध्यान में डूबें और भगवान् की पूजा करें। अगर इस धरती पर किसी भी प्रकार से शांति आनी है, तो वह इसी तरह आएगी कि प्रत्येक घर में भगवान् का भजन-कीर्तन गूँजे। *—माता प्रभावतीदेवी को पत्र (सन् 1912-13)*

❊ ❊ ❊

भविष्य

जितनी भी हम आकाश की ओर दृष्टि डालेंगे, उतना ही हम उस सबको भूलेंगे, जो अतीत में कटुतापूर्ण था। हमारे सामने भविष्य अपनी संपूर्ण गरिमा के साथ उद्घाटित होगा। *—मित्र हेमंतकुमार सरकार को पत्र*

❊ ❊ ❊

भाग्य

नागरिक जीवन में भी भाग्य शूरों का साथ देता है। *—आत्मकथा, अध्याय-1*

❊ ❊ ❊

भारत

आज भारत संसार के सबसे अधिक गरीब देशों में से है। किंतु हमारे ब्रिटिश शासन के अंतर्गत आने से पूर्व भारत गरीब नहीं था।

वस्तुतः भारत की संपदा ने ही यूरोपियन देशों को भारत की ओर आकर्षित किया। यह कोई नहीं कह सकता कि राष्ट्रीय संपदा अथवा साधनों की दृष्टि से भारत गरीब है। प्राकृतिक साधनों से हम धनी हैं, किंतु ब्रिटिश और विदेशी शोषण के कारण, हमारा देश निर्धन होता रहा।

—टोकियो विश्वविद्यालय के छात्रों को संबोधन (नवंबर, 1944)

❊ ❊ ❊

इंग्लैंड ने पिछले महायुद्ध को भारत की सहायता से जीता था, किंतु उसका पुरस्कार उसे अधिक दमन तथा जनसंहार के रूप में मिला। भारत उन घटनाओं को भूला नहीं है और वह इस बात का प्रयत्न करेगा कि वर्तमान स्वर्णिम अवसर उसके हाथ से न निकल जाए।*—आजाद हिंद रेडियो, जर्मनी से प्रसारण (25 मार्च, 1942)*

❊ ❊ ❊

जो जाने अथवा अनजाने ब्रिटिश प्रचार से प्रभावित हुए हैं, उनका यह विचार है कि भारत को अंग्रेजों ने बड़ी सुगमता से जीत लिया था और ये दोनों धारणाएँ पूरी तरह से भ्रामक और आधारहीन हैं।

—टोकियो विश्वविद्यालय के छात्रों को संबोधन (नवंबर, 1944)

✻ ✻ ✻

पिछले 3000 वर्षों में बाहर से लोग नए विचारों, कभी-कभी नई संस्कृतियों के साथ भारत में आए हैं। ये सभी प्रभाव, विचारधाराएँ एवं संस्कृतियाँ धीरे-धीरे भारत के राष्ट्रीय जीवन में घुल-मिल गईं, जिससे कि इस तथ्य के बावजूद मूल रूप से हमारी वही संस्कृति और सभ्यता है, जैसी कई हजार वर्ष पूर्व थी, हम बदले हैं और समय के साथ आगे बढ़े हैं। आज अपनी प्राचीन पृष्ठभूमि के बावजूद, हम आधुनिक संसार में रहने के योग्य हैं और हमने अपने को उस संसार के अनुकूल ढाल लिया है।

—टोकियो विश्वविद्यालय के छात्रों को संबोधन (नवंबर, 1944)

✻ ✻ ✻

भारत जब तक ब्रिटिश शासन में रहेगा, भारतीयों के लिए इंग्लैंड के साथ अपने संबंधों में हीनभावना से मुक्त होना कठिन होगा। जब तक हम ब्रिटिश सत्ता का हिस्सा बने रहेंगे, तब तक उसके शोषण को रोकना भी कठिन होगा।

—महाराष्ट्र प्रांतीय कॉन्फ्रेंस, पूना में अध्यक्षीय भाषण (3 मई, 1928)

✻ ✻ ✻

मैं पूर्ण स्वतंत्र गणराज्य के पक्ष में सदैव अचल रहूँगा। यह मेरा अंतिम लक्ष्य है। भारत अपनी नियति को प्राप्त करेगा और उपनिवेशीय शासन से संतुष्ट नहीं रह सकेगा। हम ब्रिटिश सत्ता में क्यों रहें ? भारत अपने मानवीय और भौतिक साधनों से संपन्न है। भारत की किशोरवस्था समाप्त हो चुकी है।...वह अब केवल अपना पालन ही नहीं कर सकता, वरन् एक स्वतंत्र इकाई के रूप में कार्य कर सकता है।

—महाराष्ट्र प्रांतीय कॉन्फ्रेंस, पूना में अध्यक्षीय भाषण (3 मई, 1928)

✻ ✻ ✻

यदि आप आधुनिक भारत को समझना चाहते हैं तो आपको तीन महत्त्वपूर्ण तत्त्वों को ध्यान में रखना होगा। प्रथम तत्त्व है—प्राचीन पृष्ठभूमि अर्थात् भारत की

प्राचीन सभ्यता और संस्कृति, जिसके प्रति आज भारतीय जनता सचेत है और जिसके ऊपर उसे गर्व है। दूसरा तत्त्व है—वह संघर्ष जो उस समय से जबसे हम अंग्रेजों द्वारा पूर्ण रूप से विजित हुए, बिना किसी व्यवधान और क्रमभंग के चल रहा है और तीसरे तत्त्व में वे कुछ प्रभाव निहित हैं, जो भारत में बाहर से आए हैं।

—टोकियो विश्वविद्यालय के छात्रों को संबोधन (नवंबर, 1944)

❋ ❋ ❋

संसार में ऐसी कोई ताकत नहीं, जो भारत को दासता में रख सके।

—आदेश (17 अगस्त, 1945)

❋ ❋ ❋

हमने अपना धर्म खो दिया है और वस्तुतः सब खो दिया है—अपना राष्ट्रीय जीवन भी। अब हम एक दुबले, गुलाम, धर्मविहीन और श्रापग्रस्त राष्ट्र बनकर रह गए हैं। हे भगवान्! भारत क्या था और आज पतन के किस गर्त में पहुँच गया है! क्या तुम अब भी आकर इसका उद्धार नहीं करोगे! यह तुम्हारी ही भूमि है। लेकिन देखो प्रभु! आज उसकी दशा कैसी है? कहाँ है वह सनातन धर्म, जिसकी स्थापना तुम्हारे वरद पुत्रों ने की थी? वह धर्म और वह राष्ट्र, जिसकी स्थापना और जिसका निर्माण हमारे पूर्वज आर्यों ने किया था, आज धूलि-धूसर हैं। हे करुणाकर! हम पर दया करो और हमें बचाओ।

—माता प्रभावती देवी को पत्र (1912-13)

❋ ❋ ❋

भारत और जापान संबंध

गत 20 शताब्दियों से भारत और जापान अपने घनिष्ठ सांस्कृतिक संबंध बनाए हुए हैं। भारत में ब्रिटिश शासन के कारण ये संपर्क यत्किंचित् अवरुद्ध हुए हैं; किंतु जब भारत स्वतंत्र हो जाएगा, ये संबंध पुनः पुष्ट किए जाएँगे। यह स्वाभाविक ही है कि भारतीय घनिष्ठ रूप से जापान के साथ सहयोग करेंगे, ताकि वे अपने देश में पूर्ण स्वतंत्रता से रह सकें और स्वतंत्र रूप से राष्ट्रीय प्रारब्ध को आकार दे सकें।

—जापान पहुँचने पर समाचार-पत्रों को वक्तव्य (19 मार्च, 1943)

❋ ❋ ❋

भारत का लक्ष्य

मैं अपने देशवासियों से कहूँगा कि भारत को एक लक्ष्य पूरा करना है और इसीलिए भारत जीवित है। इस 'लक्ष्य' शब्द में कुछ भी रहस्यपूर्ण नहीं है। भारत के पास मानव-जीवन के प्रत्येक क्षण में संसार की सभ्यता और संस्कृति को देने के लिए कुछ मौलिक है। अपने वर्तमान अपकर्ष और गुलामी में भी उसका प्रदेय किसी प्रकार कम नहीं है। एक क्षण के लिए कल्पना कीजिए कि तब उसका प्रदेय कितना महान् होगा, जब वह अपने ढंग से और अपनी आवश्यकताओं के अनुसार विकास करने के लिए स्वतंत्र होगा।

—स्टूडेंट कॉन्फ्रेंस, लाहौर में अध्यक्षीय भाषण (19 अक्तूबर, 1929)

❋ ❋ ❋

भारत छोड़ने का कारण

अगर मुझे रत्ती-भर भी उम्मीद होती कि विदेशी कार्यवाही के बिना हम आजादी पा सकेंगे तो मैं इस संकटकाल में कभी भारत को नहीं छोड़ता। अगर मुझे उम्मीद होती कि वर्तमान युद्ध जैसा आजादी पाने का दूसरा अवसर—दूसरा सुनहरा अवसर—हमें इसी जीवन में मिल जाएगा तो मैं शायद ही देश से बाहर कदम रखता।

—आजाद हिंद रेडियो से प्रसारण (6 जुलाई, 1944)

❋ ❋ ❋

भारत छोड़ने का मेरा उद्देश्य था, देश में चल रहे संघर्ष की बाहर से सहायता करना। बाहर की इस अनुपूरक सहायता के बिना किसी भी व्यक्ति के लिए भारत को स्वाधीन कराना असंभव है। दूसरी ओर बाहर से अनुपूरक सहायता, जिसकी देश के राष्ट्रीय संघर्ष में अति आवश्यकता है, वस्तुतः बहुत कम है।...सहायता जो हमारे देशवासी चाहते थे और अब भी चाहते हैं, दो प्रकार की है—नैतिक और भौतिक। सर्वप्रथम उन्हें नैतिक रूप से विश्वास दिलाया जाना आवश्यक है कि अंततः उनकी विजय सुनिश्चित है। दूसरे, उन्हें बाहर से सैनिक सहायता दी जानी चाहिए। प्रथम लक्ष्य की प्राप्ति के लिए अंतरराष्ट्रीय युद्ध-स्थिति का निरपेक्ष अध्ययन करना होगा और इस प्रकार यह पता लगाना होगा कि युद्ध का परिणाम क्या होगा? दूसरे उद्देश्य के लिए यह खोजना होगा कि भारत से बाहर रहनेवाले भारतीय स्वदेश में रहने वाले अपने देशवासियों की सहायता के लिए क्या कर सकते हैं? और यह भी कि यदि

आवश्यकता पड़ जाए तो क्या ब्रिटिश साम्राज्यवाद के शत्रुओं से सहायता प्राप्त करना संभव हो पाएगा? मित्रो, मैं अब यह बताने की स्थिति में हूँ कि ये दोनों लक्ष्य पूरे हो चुके हैं।

—सिंगापुर में आम सभा (9 जुलाई, 1943)

❋❋❋

भारत-भूमि

भारत–भूमि भगवान् को बहुत प्यारी है। प्रत्येक युग में उन्होंने इस महान् भूमि पर त्राता के रूप में जन्म लिया है, जिससे जन–जन को प्रकाश मिल सके, धरती पाप के बोझ से मुक्त हो और प्रत्येक भारतीय के हृदय में सत्य और धर्म प्रतिष्ठित हो सके। भगवान् अनेक देशों में मनुष्य के रूप में अवतरित हुए हैं। लेकिन किसी अन्य देश में उन्होंने इतनी बार अवतार नहीं लिया, जितनी बार भारत में लिया है। इसलिए मैं कहता हूँ कि वह भारत हमारी माता, भगवान् की प्रिय भूमि है।

—माता प्रभावती देवी को पत्र (1912–13)

❋❋❋

भारतीय

कोई कब तक हाथ पर हाथ रखे अपने देश और धर्म की इस दुर्दशा को देखता रहेगा? अब और प्रतीक्षा नहीं की जा सकती। अब और सोने का समय नहीं है। हमको अपनी जड़ता से जगाना ही होगा, आलस्य त्यागना ही होगा और कर्म में जुट जाना होगा। लेकिन कैसा दुर्भाग्य है कि भारतमाता की बहुत कम ऐसी संतानें हैं, जो आज के स्वार्थपूर्ण युग में अपने निजी हितों का पूरी तरह से त्याग कर सकें और माँ की सेवा के लिए समर्पित हो सकें।

—माता प्रभावतीदेवी को पत्र (1912–13)

❋❋❋

क्या इस समय भारतमाता का एक भी सपूत नहीं है, जो स्वार्थरहित हो? क्या हमारी मातृभूमि इतनी अभागी है? कैसा था हमारा स्वर्णिम अतीत और कैसा है यह वर्तमान! वे आर्य वीर आज कहाँ हैं, जो भारतमाता की सेवा के लिए अपना बहुमूल्य जीवन प्रसन्नता से न्योछावर कर देते थे। *—माता प्रभावती देवी को पत्र (1912–13)*

❋❋❋

ब्रिटिश-भारत के पूरे इतिहास में एक भी भारतीय ने देशभक्ति की भावना से प्रेरित होकर सिविल सिर्विस का त्याग स्वेच्छा से नहीं किया। जब प्रशासनिक सेवाओं के सदस्य अपनी निष्ठा वापस ले लेंगे या कम-से-कम जब वे ऐसा जाहिर करेंगे, तभी नौकरशाही का ढाँचा चरमराकर ढह सकेगा।

— भाई शरतचंद्र बोस को पत्र (6 अप्रैल, 1921)

❋ ❋ ❋

भारतीय स्वभाव से ही आतिथ्यप्रिय हैं।

— आजाद हिंद रेडियो, जर्मनी से प्रसारण (25 मार्च, 1942)

❋ ❋ ❋

यदि विदेशी शासन के अंतर्गत और उन समस्त रुकावटों और बाधाओं के होते हुए भी जो विदेशी शासन का परिणाम हैं, हम अपनी सृजनात्मक प्रतिभा का इतना प्रमाण दे सकें तो यह बात समझी जा सकती है कि जब भारत आजाद हो जाएगा और भारत की जनता को जब शैक्षणिक सुविधाएँ प्राप्त हो जाएँगी, तो वह जीवन के विभिन्न क्षेत्रों में अपनी बौद्धिक क्षमता और सर्जनात्मक प्रतिभा का भी अच्छा प्रमाण देने में समर्थ होगी।

— टोकियो विश्वविद्यालय के छात्रों को संबोधन (नवंबर, 1944)

❋ ❋ ❋

हम भारतीय हैं, इसलिए भारत का कल्याण हमारा अपना कल्याण होगा।

— माता प्रभावती देवी को पत्र (1912-13)

❋ ❋ ❋

भारतीय राष्ट्रवाद

सांस्कृतिक अंतरराष्ट्रीयता की दृष्टि से कभी-कभी राष्ट्रीयता पर प्रहार किया जाता है कि वह स्वार्थी और आक्रामक है। इसे सांस्कृतिक क्षेत्र में अंतरराष्ट्रीयता के विकास में बाधक समझा जाता है। इस विषय में मेरा कहना है कि भारतीय राष्ट्रवाद न तो संकुचित है, न स्वार्थी और न आक्रामक। यह मानवजाति के उच्चादर्शों—सत्यम, शिवम, सुंदरम्—से प्रेरणा ग्रहण करता है। भारतीय राष्ट्रवाद सत्यता, ईमानदारी, मानवता और सेवा एवं त्याग की भावना की शिक्षा देता है।

— महाराष्ट्र प्रांतीय कॉन्फ्रेंस, पूना में अध्यक्षीय भाषण (3 मई, 1928)

❋ ❋ ❋

भारतीय संस्कृति

मैं उन लोगों में से नहीं हूँ, जो आधुनिकता के जोश में अपने अतीत के गौरव को भूल जाते हैं। हमें भूतकाल को अपना आधार बनाना है। भारत की अपनी संस्कृति है, जिसे अपनी सुनिश्चित धाराओं में विकसित करते जाना है। हमारे पास विश्व को देने के लिए दर्शन, साहित्य, कला और विज्ञान में बहुत कुछ नया है और उसकी ओर सारा संसार टकटकी लगाए हुए है। एक शब्द में कहूँ तो हमें नए-पुराने का मेल करना है। हमारे कुछ अच्छे विचारक और कार्यकर्ता इस महत्त्वपूर्ण कार्य में पहले से ही लगे हुए हैं। हमें एक ओर पुनः वेदों पर जानेवाली प्रवृत्ति और दूसरी ओर आधुनिक यूरोप के फैशन और अर्थहीन परिवर्तन के लिए नकल करनेवाली प्रवृत्ति का मुकाबला करना है।

—अखिल भारतीय युवक सम्मेलन, कलकत्ता में भाषण
(25 दिसंबर, 1928)

❋ ❋ ❋

भाव और चिंतन

अगर तुम भावनाओं के वेग में बह जाते हो तो तुम तर्कशक्ति एवं विश्लेषण और संश्लेषण की शक्ति खो देते हो। कारण यह है कि इन गुणों का समुचित उपयोग हम तभी कर सकते हैं, जब हम शांत भाव में हों।

—मित्र हेमंतकुमार सरकार को पत्र (16 सितंबर, 1915)

❋ ❋ ❋

हमें भावनाओं के झंझावात में भी शांत रहना होगा, तभी और केवल तभी हम अपने जीवन का निर्माण रचनात्मक आधार पर कर सकेंगे। हमें अपनी भावनाओं पर नियंत्रण रखना होगा और गहराई से मनन करना होगा। भावना के बिना चिंतन असंभव है। परंतु यदि हमारे पास केवल भावना की पूँजी है तो चिंतन कभी भी फलदायक नहीं हो सकता। बहुत से लोग भावुक होते हैं, लेकिन वे कुछ सोचना नहीं चाहते और कुछ लोगों को तो यही नहीं मालूम कि चिंतन कैसे करना चाहिए।

—मित्र हेमंतकुमार सरकार को पत्र
(16 सितंबर, 1915)

❋ ❋ ❋

भाषा

जहाँ तक सामान्य भाषा का संबंध है, मैं यह सोचने को बाध्य हूँ कि हिंदी और उर्दू के मध्य किया जानेवाला अंतर कृत्रिम है। सबसे अधिक स्वाभाविक बोलचाल की भाषा इन दोनों के मिश्रण से बनेगी, जैसी कि भारत के अधिकांश भाग में प्रतिदिन बोली जाती है और यह सामान्य भाषा नागरी अथवा उर्दू किसी भी लिपि में लिखी जा सकती है।

—हरिपुरा कांग्रेस में अध्यक्षीय भाषण (19 फरवरी, 1938)

❊ ❊ ❊

भाषा असमर्थ है, क्योंकि वह विचारों को आधा-अधूरा ही प्रकट कर पाती है। मेरी कामना है कि मनुष्य उसे और पूर्ण बना सके, क्योंकि अभी वह बेचारी लँगड़ी है।

—भाई शरतचंद्र बोस को पत्र (1 अक्तूबर, 1912)

❊ ❊ ❊

मजदूर संगठन

जब तक हम मजदूरों, किसानों और दलित वर्गों को उनकी तकलीफों के आधार पर संगठित नहीं करते, तब तक सविनय अवज्ञा कभी नहीं आ सकती।

—कांग्रेस के लाहौर अधिवेशन में भाषण (दिसंबर 1929)

❊ ❊ ❊

मत

यह विचित्र बात है कि हमारे अपने बारे में राय, इस बात से किस प्रकार प्रभावित हो सकती है कि दूसरे हमारे विषय में क्या सोचते हैं।

—आत्मकथा, अध्याय-5

❊ ❊ ❊

मन

चढ़ती हुई उम्र और बढ़ते हुए अनुभव के साथ हमारा मन भी अधिक स्थिर होता है।

—मित्र हेमंतकुमार सरकार को पत्र (1917)

❊ ❊ ❊

मन की उन्नति की भी कोई सीमा नहीं होती, मनुष्य जितनी ऊँचाई पर पहुँचता

है, उससे और भी अधिक ऊँचे पहुँचने की इच्छा बनी रहती है। परिणाम यह होता है कि संघर्ष बराबर चलता ही रहता है।

—पत्रावली, पृ. 256

❊ ❊ ❊

मानव-मन द्वारा, जिसकी अनेक सीमाएँ हैं, ब्रह्म का संपूर्ण ज्ञान हो पाना असंभव है। इस यथार्थ का वह अपने आपमें जैसा है, बोध नहीं कर सकता।

—आत्मकथा, अध्याय-10

❊ ❊ ❊

यह एक बड़ी दिलचस्प बात है कि मानव-मन के सामने जब ऐसी सांसारिक कठिनाइयाँ आती हैं, जिन पर वह विजय नहीं पा सकता तो वह तुरंत किसी आध्यात्मिक शक्ति का सहारा खोजने लगता है। *—आत्मकथा, अध्याय-6*

❊ ❊ ❊

महापुरुष

मेरी धारणा है कि महापुरुषों का महत्त्व बड़ी-बड़ी घटनाओं की अपेक्षा छोटी-छोटी घटनाओं से अधिक उजागर होता है।

—श्री शरतचंद्र चट्टोपाध्याय को पत्र (12 मई, 1915)

❊ ❊ ❊

महिलाएँ

उन लोगों से, जो कहते हैं कि हमारी महिलाओं के लिए बंदूकें उठाना उचित नहीं होगा, मेरी यह प्रार्थना है कि वे हमारे इतिहास के पृष्ठों को देखें। 1857 के प्रथम स्वतंत्रता-युद्ध में झाँसी की रानी ने कितनी वीरता के कार्य निष्पादित किए। उसी प्रकार रानी झाँसी के समान अनेक वीर महिलाओं की हमारी स्वतंत्रता के अंतिम युद्ध में भी आवश्यकता होगी। यह महत्त्वपूर्ण नहीं है कि आप कितनी बंदूकें उठा सकती हैं अथवा कितने कारतूस छोड़ सकती हैं। महत्त्वपूर्ण वह आत्मशक्ति है, जो आपके वीरतापूर्ण उदाहरणों से उद्‌भूत होगी।

—भारतीय स्वतंत्रता लीग, सिंगापुर की महिलाओं को संबोधन (12 जुलाई, 1943)

❊ ❊ ❊

मैं भारतीय नारी की सामर्थ्य से भली-भाँति परिचित हूँ। इसलिए मैं निश्चित रूप से कह सकता हूँ कि ऐसा कोई कार्य नहीं है, जिसे हमारी नारियाँ नहीं कर सकतीं और कोई बलिदान अथवा कष्ट ऐसा नहीं है, जिसे वे सहन न कर सकें।

—सिंगापुर में महिलाओं के समक्ष भाषण (12 जुलाई, 1943)

❋❋❋

मैं वीर भारतीय नारियों की ऐसी टुकड़ी चाहता हूँ, जो मृत्यु से जूझनेवाली रेजीमेंट बनाए और जो उस तलवार को उठाए, जो कि 1857 के प्रथम भारतीय स्वतंत्रता-संग्राम में झाँसी की वीर रानी ने उठाई थी।

—सिंगापुर में आम सभा (9 जुलाई, 1943)

❋❋❋

यह अत्युक्ति नहीं होगी, यदि मैं यह कहूँ कि हमारे राष्ट्रीय प्रयास का कोई विभाग अथवा कोई सार्वजनिक क्रियाकलाप ऐसा नहीं है, जिसमें महिलाएँ भाग नहीं ले रही हैं। अपने राष्ट्रीय आंदोलन के पिछले कई वर्षों में महिलाएँ प्रसन्नता और साहस से कष्टों को सहन करने में पुरुषों के समकक्ष रही हैं। भारतीय महिलाएँ गाँव-गाँव जाने में, बिना भोजन और पानी के एक सभा के बाद दूसरी सभा को संबोधित करने में, घर-घर में स्वतंत्रता का संदेश पहुँचाने में, चुनाव-अभियान संचालित करने में, सरकारी निषेधों के बावजूद जुलूस निकालने में, निर्दयी ब्रिटिश पुलिस द्वारा लाठी प्रहार सहन करने में और जेल-जीवन, कष्टों, यंत्रणाओं, अवमाननाओं के कष्ट सहन करने में किसी से पीछे नहीं रहीं।

—सिंगापुर में महिलाओं के समक्ष भाषण (12 जुलाई, 1943)

❋❋❋

हमारा अतीत महान् और उज्ज्वल रहा है। यदि भारत की उज्ज्वल परंपरा न होती तो भारत झाँसी की रानी जैसी वीर महिला को जन्म नहीं दे सकती थी। इसी प्रकार जैसे कि प्राचीन काल में हमारे पास मैत्रेयी जैसे व्यक्तित्व रहे हैं, उसी प्रकार हमारे सामने महाराष्ट्र की अहिल्याबाई, बंगाल की रानी भवानी और रजिया बेगम तथा नूरजहाँ के प्रेरक उदाहरण हैं, जो भारत में ब्रिटिश राज्य से पूर्व अर्वाचीन ऐतिहासिक समय में दीप्तिमान प्रशासिकाएँ थीं। मैं भारत की मिट्टी की उर्वरता में हर प्रकार का

विश्वास रखता हूँ। मुझे विश्वास है कि भारत अतीत की तरह नारीत्व के सर्वोत्तम पुरुषों को जन्म देगा।

—आई.एन.ए. के महिला वर्ग के लिए रानी झाँसी प्रशिक्षण शिविर के उद्घाटन पर भाषण (12 जुलाई, 1943)

❊ ❊ ❊

हमारी वीर बहिनों ने गुप्त क्रांतिकारी गतिविधियों में सक्रिय भाग लिया। कई बार उन्होंने प्रदर्शित किया है कि आवश्यकता पड़ने पर वे भी अपने भाइयों के समान ही आग्नेय शस्त्रों का प्रयोग कर सकती हैं।

—सिंगापुर की महिलाओं के समक्ष भाषण (12 अक्तूबर, 1943)

❊ ❊ ❊

महिलाओं से

आप कहेंगी कि हिंदू-महिला का स्थान परिवार के भीतर, परदे के पीछे है, जन-मंच पर नहीं है। मैं माँ को कर्तव्य के संबंध में उपदेश देने की धृष्टता नहीं करता। परंतु आज हमारा देश और समाज सामान्य स्थिति में नहीं है। आज हमारे घर-घर में आग फैल रही है। जब घर में आग लगती है, तब तो परदे में रहनेवालों को भी साहस के साथ मार्ग में आकर खड़ा होना पड़ता है। संतान को बचाने तथा बहुमूल्य सामान की आग से रक्षा करने के लिए उनको भी पुरुष-पराक्रम के साथ परिश्रम करना पड़ता है। क्या इससे उनकी मर्यादा या सम्मान की हानि होती है? *—पत्रावली, पृ. 246*

❊ ❊ ❊

माँ का प्यार

मैंने इस जीवन में जिस प्यार को चखा है, मैं अपने भीतर प्यार का जो सागर उमड़ता हुआ पाता हूँ, उसकी तुलना में माता का प्यार गोखुर के समान है। इस आत्मकेंद्रित विश्व में मनुष्य को एकमात्र शरण माँ के प्यार में मिलती है और इसलिए उसे इतना बढ़ा-चढ़ाकर कहा जाता है। जिसने तुम्हारा लालन-पालन किया है, उसके प्रति तुम्हें स्नेह हो ही जाता है, लेकिन इसमें कोई बड़ी बड़ाई की बात नहीं। परंतु जो व्यक्ति राह-चलते किसी व्यक्ति को अपने हृदय में सर्वोच्च स्थान दे सकता है, अनुमान करो कि उसका हृदय कितना विशाल होगा और उसका प्रेम कितना महान्!

—मित्र हेमंतकुमार सरकार को पत्र

❊ ❊ ❊

लोगों की सामान्यतः यह धारणा होती है कि माँ का प्यार सबसे गहरा और निःस्वार्थ होता है और उसकी माप नहीं हो सकती।—क्या माँ का प्यार सचमुच स्वार्थरहित होता है? मुझे नहीं मालूम, फिर भी जब कोई माता सड़क पर डोलते किसी भी बच्चे को अपने ही पुत्र के समान न माने, तब तक उसके प्यार को स्वार्थरहित नहीं कहा जा सकता। उसकी आसक्ति इस तथ्य के कारण है कि उसने अपने बच्चे को स्वयं पाला-पोसा है।

—मित्र हेमंतकुमार सरकार को पत्र

❋❋❋

मांडले जेल

एक कवि का कथन है कि मृत्यु का कोई मौसम नहीं होता। मेरे विचार से मांडले में भी धूल का कोई मौसम नहीं है, क्योंकि संसार के इस कोने में वर्षा ऋतु का तो कभी आगमन होता ही नहीं। मांडले में तो हर स्थान पर धूल-ही-धूल है। यहाँ तक कि वायु में धूल है, अतः साँस के साथ भी धूल फाँकनी होती है। भोजन में धूल है, अतः भोजन के साथ उसे खाना होता है। आपकी मेज पर, कुरसी और बिस्तर पर धूल है, अतः आपको उसका कोमल स्पर्श करना ही पड़ता है। यहाँ धूल की आँधियाँ आती हैं—और दूर-दूर तक के वृक्षों और पहाड़ियों को ढक देती हैं। उस समय आप इसके पूर्ण सौंदर्य के दर्शन कर सकते हैं। वास्तव में मांडले में धूल सर्वव्यापक है, क्योंकि यह हर स्थान पर है। इस दृष्टि से हम इसे दूसरा परमेश्वर कह सकते हैं।

—भाई शरतचंद्र बसु को पत्र (23 अगस्त, 1925)

❋❋❋

यह तो हम सबको विदित ही है कि लोकमान्य 6 वर्ष तक कारागार में रहे, परंतु मेरी यह पक्की धारणा है कि कदाचित् ही हममें से कोई यह जानता है कि उन्होंने इस अवधि में कैसी-कैसी शारीरिक और मानसिक यातनाएँ भोगीं। मुझे इस बात का पूर्ण विश्वास है कि वे यहाँ अकेले रहे। यहाँ उनका कोई बुद्धिजीवी साथी भी न था। केवल इतना ही नहीं, बल्कि वे अन्य बंदियों से मिल-जुल भी नहीं सकते थे। सांत्वना के लिए केवल पुस्तकों का ही उन्हें एकमात्र सहारा था, अन्यथा उनका जीवन पूर्णरूपेण एकाकी था।

—श्री एन.सी. केलकर के नाम पत्र (23 अगस्त, 1925)

❋❋❋

वह वार्ड, जिसमें कभी लोकमान्य रहे थे, आज भी विद्यमान है। अंतर केवल इतना है कि इसका बाहरी ढाँचा बदल दिया गया है। हमारे वार्ड की तरह यह वार्ड भी काष्ठ-स्तंभ-वलयों से निर्मित है, जहाँ ग्रीष्मकाल में न ऊष्मा से बचाव है, न सूर्य की प्रखर किरणों से। यहाँ पावस में वर्षा से, शीतकाल में ठंड से और वर्ष भर चलनेवाली धूल-भरी आँधियों से बचने का भी कोई सहारा नहीं है।

— श्री एन.सी. केलकर को पत्र (28 मई, 1915)

❊ ❊ ❊

माँ से

मैं जिस कंकटाकीर्ण मार्ग पर चल रहा हूँ, उस पर भविष्य में भी जीवन-भर इसी प्रकार चल सकूँ, बस यही आशीर्वाद दीजिए। संन्यास के एकाकीपन में जीवन सूख न जाए, इस शून्यता में जो अमृत छिपा है, उसके स्पर्श से जीवन मंगलमय हो उठे, बस मैं तो आपसे यही आशीर्वाद चाहता हूँ। क्या यह भी मुझे बताना पड़ेगा कि मेरे लिए आपके आशीर्वाद का कितना मूल्य है?

— पत्रावली, पृ. 251

❊ ❊ ❊

माता

हम अज्ञानी हैं और इसलिए हम स्वार्थी बन सकते हैं, लेकिन कोई माँ कभी भी स्वार्थी नहीं हो सकती, क्योंकि माँ अपने बच्चे के लिए जीवित रहती है। अगर यह सच है तो क्या कारण है कि उसके बच्चे कष्ट से बिलबिला रहे हैं और वह फिर भी अप्रभावित है। तो क्या माँ भी स्वार्थी हो सकती है? नहीं-नहीं, ऐसा कभी नहीं हो सकता, माँ कभी भी स्वार्थी नहीं बन सकती।

— माता प्रभावती देवी को पत्र (सन् 1912-13)

❊ ❊ ❊

मानव

मानव स्थितप्रज्ञता के साथ समस्त कष्टों को प्रसन्नतापूर्वक सहन कर सकता है। हाँ, दार्शनिक प्रवृत्ति का व्यक्ति इस प्रकार अपने को संवर्द्धित कर सकता है। परंतु क्या यह सत्य नहीं है कि हम सभी में दार्शनिक तत्त्व सूक्ष्म रूप से विद्यमान

रहता है और दार्शनिक मनोवेग को जाग्रत् करने के लिए कष्ट का स्पर्श ही पर्याप्त होता है।

—श्री दिलीपकुमार राय को पत्र (मांडले, 11 सितंबर, 1925)

❋ ❋ ❋

मुझे यह देखकर अचंभा होता है कि किस प्रकार इतनी अधिक परस्पर विरोधी कामनाएँ और उद्‌देश्य मनुष्य के जीवन को प्रभावित करते रहे हैं। इतनी बहुतायत से इच्छाएँ आती हैं फिर कुछ समय बाद विलीन हो जाती हैं। मैं नहीं कह सकता कि वे कहाँ से आती हैं और क्यों आती हैं। मानव-जीवन का पहला अध्याय पूर्णत: अतर्क्य है। हम यह कहते हुए बहुत गर्व का अनुभव करते हैं कि मनुष्य बड़ा बुद्धिसंगत प्राणी है—लेकिन वह बुद्धिसंगत कम और अतर्क्य अधिक है। वह पशुओं के समान वृत्ति और भावना प्रेरित कार्य करता है न कि तर्कबुद्धि से। मैं मनुष्य के अनगिनत कृत्यों का कोई भी कारण या अर्थ नहीं समझ पाता। यह कैसी विचित्रता है।

—मित्र हेमंतकुमार सरकार को पत्र (26 अक्तूबर, 1915)

❋ ❋ ❋

स्वयं के प्रति सच्चा होने पर कोई भी मार्ग मानव के लिए असत्य नहीं हो सकता। इसलिए आत्मोन्नति और आत्मविकास के मार्ग को तो अपनी प्रकृति ही बतला सकती है। प्रत्येक मनुष्य यदि अपनी शक्ति और अपनी प्रकृति के अनुसार अपने आपको उपयोगी बना सके तो अविलंब समस्त जाति में नवीन जीवन दृष्टिगोचर होने लगेगा। *—श्री दिलीपकुमार राय के नाम पत्र (9 अक्तूबर, 1925)*

❋ ❋ ❋

मानवता

यदि मनुष्य का जन्म लेकर मैं मानवीय अस्तित्व के उद्‌देश्य को प्राप्त नहीं कर सकूँ, यदि मैं उसकी नियति को चरितार्थ नहीं कर सकूँ तो उसकी सार्थकता ही क्या है? जैसे सभी नदियाँ अंत में समुद्र से जा मिलती हैं, उसी प्रकार सभी मानवों के जीवन की अंतिम परिणति भगवान् में होती है। अगर हमें ईश्वर के दर्शन नहीं हो पाते तो हमारा जीवन व्यर्थ है—सभी कर्मकांड, उपासनाएँ और ध्यान आदि व्यर्थ हैं, केवल पाखंड हैं। *—माता प्रभावती देवी को पत्र (1912-13)*

❋ ❋ ❋

मानव-निर्माण

राष्ट्र-निर्माण की ओर पहला कदम है, सही मानव का निर्माण और दूसरा संगठन। विवेकानंद और अन्यों ने मानव-निर्माण के लिए प्रयत्न किया। जबकि देशबंधु राजनीतिक संगठन बनाने के लिए बेचैन रहे और उन्होंने एक संगठन बनाया, जिसने ब्रिटिश लोगों की भी श्लाघा प्राप्त की।

—रंगपुर राजनीतिक सम्मेलन में अध्यक्षीय भाषण (30 मार्च, 1929)

❊ ❊ ❊

मानसिक प्रशिक्षण

मानसिक प्रशिक्षण के अभाव में शिक्षा के मूल में ही त्रुटि रह जाती है। अपने हाथों से कोई वस्तु बनाने में जिस प्रकार का आनंद प्राप्त होता है, उसी प्रकार का आनंद संसार में बहुत ही कम मिल पाता है। सृष्टि आनंद से परिपूर्ण है। सृजन के इस आनंद को बच्चे थोड़ी उम्र में ही महसूस करने लगते हैं। जब वे कोई भी वस्तु बनाते हैं, चाहे वह बगीचे में बीज बोकर पौधे उगाना हो, या अपने हाथों से पुतला बनाना हो; किसी भी वस्तु की नई सृष्टि करके बच्चे स्वर्गीय आनंद प्राप्त करते हैं। जिन उपायों से छात्र इस आनंद का किशोरवय में ही उपभोग कर सकें, उसका प्रबंध अवश्य होना चाहिए। *—श्री हरिचरण बागची को पत्र (1926)*

❊ ❊ ❊

मायावाद

मायावाद का सिद्धांत व्यावहारिक नहीं है। उससे मेरे जीवन की संगति नहीं बैठती। यद्यपि मैंने बहुत समय तक और अपने पर बहुत जोर डालकर प्रयत्न किया है कि मैं अपने जीवन को उसके अनुकूल बना लूँ। इसलिए मैं उसे छोड़ रहा हूँ। दूसरी ओर यदि संसार सत्य है (निस्संदेह, निरपेक्ष नहीं, बल्कि सापेक्ष्य रूप में) तो जीवन रुचिकर हो जाता है और सार्थक तथा सोद्देश्य बनता है। *—आत्मकथा, अध्याय-10*

❊ ❊ ❊

मुसलिम युवकों से

मैं भारत के लाखों मुसलिम नौजवानों से पूछता हूँ कि क्या तुम अपनी मातृभूमि के अंगच्छेदन में सहायक होगे? विभाजित भारत में आपका क्या स्थान होगा?

इसलिए मेरे मित्रो, यदि आप स्वतंत्रता चाहते हैं तो आप इसके लिए संघर्ष करें और ब्रिटिश सत्ता को ठोकर मारकर बाहर कर दें। ब्रिटेन के साथ कोई समझौता नहीं होना चाहिए। हमारी पवित्र मातृभूमि के टुकड़े नहीं होंगे।

—बर्मा से प्रसारण (12 सितंबर, 1944)

✻ ✻ ✻

मुसलिम लीग

इस शताब्दी के प्रारंभ से ही ब्रिटिश सरकार कांग्रेस के विरुद्ध अन्य संस्थाओं का उपयोग करती रही है, ताकि वह उसकी माँगों को अस्वीकार कर सके। इसके उद्‌देश्य के लिए वह मुसलिम लीग का उपयोग करती रही है, क्योंकि उसका दृष्टिकोण अंग्रेजों के अनुकूल माना जाता है। वस्तुत:, ब्रिटिश प्रचार ने यह प्रभाव उत्पन्न करने का प्रयत्न किया है कि मुसलिम लीग भी कांग्रेस जैसी प्रभावशाली संस्था है और वह भारतीय मुसलमानों के बहुमत का प्रतिनिधित्व करती है; लेकिन यह सच्चाई से बहुत परे है। वास्तव में, यहाँ कतिपय ऐसे प्रभावशाली और महत्त्वपूर्ण मुसलिम संगठन हैं, जो पूरी तरह राष्ट्रवादी हैं।

—आजाद हिंद रेडियो, जर्मनी से प्रसारण (25 मार्च, 1942)

✻ ✻ ✻

मेरा लक्ष्य

अब मुझे पक्का विश्वास हो गया है कि अगर मैं नौकरशाही का सदस्य न होकर सामान्य व्यक्ति बना रहूँ तो मैं अपने देश की सेवा अधिक अच्छी तरह कर सकता हूँ। मैं इस बात से इनकार नहीं करता कि सर्विस में रहते हुए भी कोई व्यक्ति कुछ हद तक अच्छे काम कर सकता है, लेकिन नौकरशाही की जंजीरों से मुक्त होकर वह जितनी भलाई कर सकता है, उतनी बंधनग्रस्त होकर कदापि नहीं कर सकता।

— भाई शरतचंद्र बोस को पत्र (23 फरवरी, 1921)

✻ ✻ ✻

एक विदेशी नौकरशाही की सेवा करने के सिद्धांत से मैं समझौता नहीं कर सकता। इसके अलावा सार्वजनिक सेवा के लिए अपने-आपको तैयार करने की दिशा में पहला कदम है, अपने सभी सांसारिक हितों का परित्याग और उस क्षेत्र से पीछे

हटने के सभी रास्तों को खत्म कर देना तथा राष्ट्र-सेवा में पूरी हार्दिकता से जुट जाना।

— भाई शरतचंद्र बोस को पत्र (23 फरवरी, 1921)

❊ ❊ ❊

क्या राजकीय सेवा मेरे जीवन का चरम लक्ष्य है ? सिविल सर्विस से किसी को भी सभी तरह की सामाजिक सुख-सुविधाएँ मिल सकती हैं। लेकिन क्या इन उपलब्धियों के लिए हमें अपनी आत्मा नहीं बेचनी पड़ेगी ? मैं समझता हूँ कि यह धारणा कोरा पाखंड है कि किसी के जीवन के सर्वोच्च आदर्शों में तथा आई.सी.एस. वालों द्वारा अंगीकृत सेवा की शर्तों के अंतर्गत मातहती में कोई संगति हो सकती है।

— भाई शरतचंद्र बोस को पत्र (22 सितंबर, 1920)

❊ ❊ ❊

जहाँ तक मेरा अपना संबंध है, मैं कष्टों से घबराता नहीं हूँ। मैं उनसे दूर भागने की बजाय उनका स्वागत करूँगा।

— भाई शरतचंद्र बोस को पत्र (16 फरवरी, 1921)

❊ ❊ ❊

जैसे-जैसे समय बीतता जाता है, मुझे अधिकाधिक यह महसूस होता है कि मुझको जीवन में एक निश्चित कार्य करना है और मेरा जन्म उसी के निमित्त हुआ है, लेकिन मुझे नैतिक विचारों की धारा में नहीं बहना है। यह विश्व का नियम है। लोग मेरी आलोचना करेंगे, लेकिन मुझ पर मेरी उदात्त आत्मचेतना के कारण उनका कोई प्रभाव नहीं पड़ेगा। अगर दुनिया के व्यवहार से मेरे दृष्टिकोण में कोई परिवर्तन आता है, अर्थात् मुझे दु:ख और निराशा होती है, तो मुझे यह मानना होगा कि इसका कारण मेरी अपनी कमजोरी है।

— मित्र हेमंतकुमार सरकार को पत्र (31 जनवरी, 1915)

❊ ❊ ❊

त्याग, कष्ट और गरीबी तक के जीवन का, यदि वह राष्ट्रीय हित में हो, मैं स्वागत करूँगा।

— भाई शरतचंद्र बोस को पत्र (23 फरवरी, 1921)

❊ ❊ ❊

भावनात्मक और आर्थिक कारणों से मैं अपनी इच्छा का एकमात्र नियामक नहीं हूँ। लेकिन मैं बिना किसी झिझक के कह सकता हूँ कि यदि मेरे सामने विकल्प हो तो मैं इंडियन सिविल सर्विस में हरगिज नहीं शामिल होना चाहूँगा।

—भाई शरतचंद्र बोस को पत्र (22 सितंबर, 1920)

❊ ❊ ❊

मेरा जीवन मेरे अपने आनंद के लिए नहीं है। मेरे जीवन में आनंद का अभाव तो नहीं है, लेकिन यह उपभोग के लिए नहीं है, क्योंकि मेरा जीवन एक मिशन है, एक कर्तव्य है।

—मित्र हेमंतकुमार सरकार को पत्र

❊ ❊ ❊

मेरी कल्पना और मेरे रुझान के अनुकूल आकर्षण के केंद्र हैं—आरंभ से ही त्याग की वृत्ति, सादा जीवन और उच्च विचार तथा देश-सेवा के लिए हार्दिक अनुरक्ति। इसके अतिरिक्त एक विदेशी नौकरशाही के अधीन सेवा का सिद्धांत मेरे लिए नितांत त्याज्य है। मेरी दृष्टि में अरविंद घोष का मार्ग कहीं अधिक महान् और प्रेरणादायक है, कहीं अधिक उदात्त और निःवार्थ।

—भाई शरतचंद्र बोस को पत्र (16 फरवरी, 1921)

❊ ❊ ❊

मेरे जैसे स्वभाव के व्यक्ति के लिए, जो ऐसे विचारों से पुष्टि पाता रहा है, जिन्हें शायद सनकी कहा जाएगा, न्यूनतम अवरोध का मार्ग सर्वोत्तम नहीं है। अगर संघर्ष नहीं रहे, अगर किसी भी खतरे का सामना न करना पड़े तो जीवन का आधा स्वाद समाप्त हो जाता है। जिस व्यक्ति की कोई सांसारिक महत्त्वाकांक्षा नहीं है, उसके लिए जीवन की अनिश्चितताएँ भयप्रद नहीं हैं।

—भाई शरतचंद्र बोस को पत्र (22 सितंबर, 1920)

❊ ❊ ❊

मेरे व्यक्तित्व का निर्माण जिस प्रकार हुआ है, उसे देखते हुए मुझे सचमुच संदेह है कि मैं सिविल सर्विस के लिए एक उपयुक्त व्यक्ति बन सकूँगा और मैं सोचता हूँ कि जो कुछ भी थोड़ी-बहुत क्षमता मुझमें है, उसका अधिक अच्छा उपयोग स्वयं

मेरी भलाई के लिए और देश के हित में भी, अन्य दिशाओं में ही किया जा सकता है।

— भाई शरतचंद्र बोस को पत्र (22 सितंबर, 1920)

❊ ❊ ❊

मैं पहले एक बार कर्तव्य की पुकार पर जीवन-जलयान का यात्री बन गया था। आज वह जहाज ऐसे बंदरगाह पर पहुँच गया है, जहाँ अपार आकर्षण है—जहाँ सत्ता, संपत्ति और समृद्धि मेरे इंगित मात्र से मेरी अपनी हो सकती है। लेकिन मेरे अंतरतम से आती हुई आवाज मुझसे कहती है—'तुम्हें इनमें कोई भी सुख नहीं मिलेगा। तुम्हारे उल्लास की राह है, महासागर की उत्ताल ऊर्मियों के साथ-साथ तरंगित होते जाना।' आज उसी पुकार का प्रत्युत्तर देते हुए मैं फिर अपने जलयान की पतवार प्रभु के हाथों सौंपकर यात्रा पर निकल पड़ा हूँ। केवल वही जानता है कि यह जहाज किस किनारे पर जाकर लगेगा।

— मित्र चारुचंद्र गांगुली को पत्र (22 अप्रैल, 1921)

❊ ❊ ❊

हम नहीं जानते कि मृत्यु के बाद मनुष्य कहाँ जाता है और इसके साथ क्या घटित होता है। लेकिन अंत में हमारी आत्मा उस परमात्मा में लीन हो जाती है; और वही हमारे लिए सबसे अधिक उल्लास का क्षण होता है। तब न दुःख होता है न सुख और पूर्वजन्म के कष्ट से मुक्त होकर हम अनंत आनंद में निमग्न हो जाते हैं।

— माता प्रभावती देवी को पत्र (सन् 1912-13)

❊ ❊ ❊

युवक

युवा-मानस की यह विशिष्टता होती है कि वह औरों की बजाय अपने में अधिक विश्वास रखता है। यह शायद एक दुर्भाग्यपूर्ण तथ्य है, पर सच्चाई है, इसमें कोई शक नहीं है। *— भाई शरतचंद्र बोस को पत्र (6 अप्रैल, 1921)*

❊ ❊ ❊

युवक-आंदोलन

आज के युवक आंदोलन की विशेषता है—बेचैनी, वर्तमान व्यवस्था के प्रति अधैर्य और एक नए एवं उत्तम युग को लाने की तीव्र इच्छा। उत्तरदायित्व की

भावना और स्वावलंबन की चेतना इस आंदोलन का प्राण है। आज के नवयुवक अपने बुजुर्गों को ही सारी जिम्मेवारी सौंपकर संतोष का अनुभव नहीं करते, वरन् वे यह अनुभव करते हैं कि एक देश और देश का भविष्य वृद्ध पीढ़ी से अधिक उनसे संबंधित है। अत: यह उनका कर्तव्य है कि वे अपने देश के भविष्य के प्रति संपूर्ण उत्तरदायित्व के उचित निर्वाह के लिए तैयार रहें।

—स्टूडेंट कॉन्फ्रेंस, लाहौर में अध्यक्षीय भाषण
(19 अक्तूबर, 1929)

❋ ❋ ❋

यदि हम अपनी परिधि से बाहर झाँककर देखें और विश्व की घटनाओं पर विहंगम दृष्टिपात करें तो एक विशिष्ट तथ्य हमारा ध्यान आकर्षित करेगा और वह है युवकों का पुनर्जागरण। उत्तर से दक्षिण और पूर्व से पश्चिम, जिधर भी देखते हैं, युवक-आंदोलन एक वास्तविकता बन गया है।

—अखिल भारतीय युवक सम्मेलन, कलकत्ता में भाषण
(25 दिसंबर, 1928)

❋ ❋ ❋

युवक-आंदोलन अपने दृष्टिकोण में संशोधनवादी नहीं, क्रांतिकारी होते हैं। किसी भी युवक-आंदोलन को प्रारंभ करने से पहले वर्तमान व्यवस्था के प्रति व्यग्रता और अधीरता की भावना अस्तित्व में आनी चाहिए। व्यक्तिगत रूप से उस प्रकार के आंदोलन को मैं बीसवीं शताब्दी की घटना अथवा आकर्षक घटना नहीं मानता। सुकरात और बुद्ध के समय में लोग संसार को अच्छा बनाने की कल्पना से प्रेरित हो समाज की नवरचना का प्रयास करते रहे हैं। हमारे युग के आंदोलन भी इसी प्रकार की कल्पना और प्रयत्न का वैशिष्ट्य लिए हुए हैं।

—अखिल भारतीय युवक सम्मेलन, कलकत्ता में भाषण (25 दिसंबर, 1928)

❋ ❋ ❋

युवा पीढ़ी

जहाँ भी पुरानी पीढ़ी के नेता असफल रहे हैं, वहाँ के नवयुवक स्वयं सचेत हुए

हैं और उन्होंने समाज की नवरचना का उत्तरदायित्व स्वयं सँभाल लिया है, तथा उसको पहले से अच्छा और श्रेष्ठ बनाने में मार्गदर्शन दिया है।

—अखिल भारतीय युवक सम्मेलन, कलकत्ता में भाषण (25 दिसंबर, 1928)

भारत के युवक अब अपने पुराने नेताओं पर उत्तरदायित्व डालने-मात्र से संतुष्ट नहीं हैं और हाथ-पर-हाथ रखे बैठे नहीं रहते अथवा मूक पशुओं की भाँति पीछे-पीछे नहीं चलते। उन्होंने अनुभव किया है कि उन्हें स्वतंत्र और महान् शक्तिशाली नए भारत का निर्माण करना है। उन्होंने वह उत्तरदायित्व स्वीकार कर लिया है, और वे प्रतीक्षित महान् दायित्व के लिए स्वयं को शिक्षित करने में व्यस्त हैं।

—अखिल भारतीय युवक सम्मेलन, कलकत्ता में भाषण (25 दिसंबर, 1928)

❋ ❋ ❋

युवा पीढ़ी भारत को स्वतंत्र कराने का उत्तरदायित्व स्वीकार कर चुकी है। हम अपने नेताओं को चाहते हैं, उन्हें प्यार करते हैं, उनका आदर करते हैं, लेकिन हम चाहते हैं कि वे भी समय के साथ चलें।...यदि हमारे बुजुर्ग नेता युवकों के साथ समन्वय नहीं रखेंगे, तो नए और पुरानों के बीच दरार पैदा हो जाएगी। देश के युवावर्ग को एक नई विचारशक्ति प्राप्त हुई है और वे अंधानुकरण नहीं कर सकेंगे। वे समझ चुके हैं कि भविष्य के उत्तराधिकारी वही हैं और उन्हें ही भारत को स्वतंत्र कराना है और चेतना उद्गम के साथ वे स्वयं को—कर्तव्य के लिए तैयार कर रहे हैं, जो उनकी प्रतीक्षा कर रहा है।

—कलकत्ता अधिवेशन में भाषण (दिसंबर 1928)

❋ ❋ ❋

युवा संगठन

मैं आपसे युवा जागृति और युवक आंदोलन के संगठन में सहायता देने की प्रार्थना करता हूँ। आत्मचेतस युवक केवल कार्य ही नहीं करेगा, कल्पना भी करेगा; केवल ध्वंस ही नहीं करेगा, निर्माण भी करेगा। वह वहाँ भी सफल होगा, जहाँ कहीं आप असफल हो जाएँगे; यह आपके लिए नए भारत का निर्माण करेगा—एक स्वतंत्र

भारत—असफलताओं, प्रयत्नों और पूर्व अनुभवों से अलग। विश्वास कीजिए, यदि हम साम्यवाद और धर्मांधता के नासूर से मुक्त होना चाहते हैं, तो हमें अपने युवकों में काम प्रारंभ करना होगा।

—महाराष्ट्र प्रांतीय कॉन्फ्रेंस, पूना में अध्यक्षीय भाषण (3 मई, 1928)

❊ ❊ ❊

युवक-युवतियों के किसी भी संगठन को युवक-संगठन की संज्ञा देना उचित नहीं होगा। सामाजिक सेवा करनेवाली अथवा अकाल-पीड़ितों को राहत पहुँचाने का काम करनेवाली किसी भी संस्था के लिए यह जरूरी नहीं है कि वह युवक-संगठन हो। युवक संगठन की विशेषता है—वर्तमान व्यवस्था लाने की आकांक्षा।

—अखिल भारतीय युवक सम्मेलन, कलकत्ता में भाषण (25 दिसंबर, 1928)

❊ ❊ ❊

योगी

वह योगी है, जिसने संसार में व्यर्थता का अनुभव कर लिया है।

—मित्र हेमंतकुमार सरकार को पत्र (3 अक्तूबर, 1915)

❊ ❊ ❊

रचनात्मक प्रतिभा

इससे काम नहीं चलेगा कि हम हरफनमौला बनें। जरूरत इस बात की है कि हम अपनी समस्त जानकारी को एक व्यवस्था के अनुसार संगठित करें, और किसी एक विषय की पूरी जानकारी प्राप्त करें। केवल आत्मसात् करना यथेष्ट नहीं होगा, बल्कि आवश्यकता है रचनात्मक प्रतिभा की।

—मित्र हेमंतकुमार सरकार को पत्र (18 जुलाई, 1915)

❊ ❊ ❊

राजनीति

हममें से अनेक यह भूल जाते हैं कि राजनीति अंततोगत्वा गत्यात्मक और सदैव परिवर्तनशील है। अगर हम अपनी पतवारों को विश्राम दे दें, और अपने पुराने

बलिदानों तथा सेवा के बल पर सदैव के लिए प्रतिष्ठा का दावा करें तो निश्चय ही हम विनाश के गर्त में गिर जाएँगे। यदि हमें सदैव अग्र पंक्ति में रहना है तो हमको निरंतर आगे बढ़ते रहना होगा।

—क्रास रोड्स, पृ. 222

❊ ❊ ❊

राजनीति की धारा शनै:शनै: जिस प्रकार पंकिल होती जा रही है, उससे तो ऐसा प्रतीत होता है कि कम-से-कम थोड़े दिन के लिए तो राजनीति से देश का कोई लाभ नहीं होगा। सत्य और त्याग के आदर्श राजनीति के क्षेत्र में जितनी जल्दी लोप हो जाते हैं, राजनीति की कार्यशक्ति का उतनी ही शीघ्रता से ह्रास होता है। राजनीतिक आंदोलन रूपी सरिता की धारा कभी स्वच्छ रहती है, तो कभी पंकिल; सभी देशों में ऐसा होता है। *—श्री हरिचरण बागची को पत्र (1926)*

❊ ❊ ❊

राजनीतिक दर्शन

हमारा राजनीतिक दर्शन राष्ट्रीय समाजवाद और साम्यवाद का समन्वित रूप होना चाहिए। *—टोकियो विश्वविद्यालय के छात्रों को संबोधन (नवंबर, 1944)*

❊ ❊ ❊

राजनीति का क्षेत्र

राजनीति का क्षेत्र मेरे लिए उपयुक्त कर्मक्षेत्र नहीं है, मैं तो घटनाचक्र के कारण राजनीति के भँवर में आ फँसा हूँ। इस स्थिति में मैं भी अपने उपयुक्त कर्मक्षेत्र में लौट सकता हूँ। संसार में मेरी आसक्ति नहीं है, इस कारण मैंने गृहस्थ-आश्रम में प्रवेश ही नहीं किया है। क्या मैं देश की वर्तमान दशा में शांति का मार्ग छोड़कर नए सिरे से संसार-जाल में लिप्त होऊँ? *—पत्रावली, पृ. 264*

❊ ❊ ❊

रामकृष्ण परमहंस

रामकृष्ण परमहंस बार-बार इस बात को दोहराया करते थे कि आत्मानुभूति के लिए त्याग एक अनिवार्य शर्त है और संपूर्ण अहंकार-शून्यता के बिना आध्यात्मिक विकास असंभव है। उनके उपदेशों में कोई नई बात नहीं थी। वे वस्तुत: उतने ही पुराने हैं, जितनी भारतीय सभ्यता। हजारों वर्ष पूर्व उपनिषदों ने हमें बताया था कि सांसारिक

वासनाओं के त्याग से ही अमर जीवन की प्राप्ति हो सकती है। परंतु रामकृष्ण के उपदेशों की विशेषता यह थी कि उन्होंने जो कुछ कहा, उसके अनुरूप अपने जीवन को ढाला और उनके शिष्यों के अनुसार वे आध्यात्मिक प्रगति की चरम सीमा तक पहुँच सके।

—आत्मकथा, अध्याय-5

❋ ❋ ❋

राममोहन राय

अपनी दूरंदेशी के कारण राममोहन राय ने अपने किसी भी अन्य देशवासी से पहले ही यह अनुमान लगा लिया था कि अगर भारत को फिर अपना खोया गौरव प्राप्त करना है तो उसे पाश्चात्य विज्ञान और चिंतन को हृदयंगम करना ही होगा।

—आत्मकथा, अध्याय-3

❋ ❋ ❋

राष्ट्र

कुछ लोग संदेह कर सकते हैं कि क्या एक राष्ट्र एक उच्च नैतिक स्तर पर उठ सकता है, क्या एक राष्ट्र दूरदर्शी और स्वार्थरहित हो सकता है तथा नई व्यवस्था को स्थापित करने का उत्तरदायित्व ले सकता है। मुझे मानव-जाति में पूरा विश्वास है। यदि किसी व्यक्ति के लिए निस्स्वार्थी होना, उच्च नैतिक स्तर पर अपना जीवन जीना संभव है तो मैं कोई कारण नहीं देखता कि समूचा राष्ट्र भी क्यों नहीं उस स्तर तक उठ सकेगा? विश्व के इतिहास में हमने ऐसे उदाहरण देखे हैं, जिनमें क्रांति ने संपूर्ण राष्ट्र की मानसिकता को बदल दिया है और इसे नैतिकता के उच्च स्तर तक उठा दिया है।

—टोकियो विश्वविद्यालय के छात्रों को संबोधन (नवंबर, 1944)

❋ ❋ ❋

जीवंत और प्रगतिशील राष्ट्रों में प्राचीन और नवीन के बीच एक संबंध रहता है। अतीत का ज्ञान और अनुभव उभरती हुई पीढ़ियों को बिना किसी अवरोध के उपलब्ध रहता है। इसके विपरीत स्वभावतया उग्र सुधारवादी और प्रगतिशील युवावर्ग बुजुर्गों से पथ-प्रदर्शन और परामर्श तो चाहता है, किंतु अपनी गत्यात्मकता को त्यागना नहीं चाहता।

—क्रास रोड्स, पृ. 253

❋ ❋ ❋

मेरी यह व्यक्तिगत राय है कि यदि एक राष्ट्र अपनी प्राणशक्ति, अपनी आंतरिक सजीवता खो देता है तो उसे जीवित रहने का कोई अधिकार नहीं है। और यदि यह प्राणशक्ति खो देने के बाद भी वह जीवित रहता है तो उस अस्तित्व का मानव-जाति के लिए कोई मूल्य नहीं रह जाता।

—टोकियो विश्वविद्यालय के छात्रों को संबोधन (नवंबर, 1944)

❊❊❊

राष्ट्र का निर्माण

हम अपनी प्राचीन सभ्यता और संस्कृति के आधार पर नवीन और आधुनिक राष्ट्र का निर्माण करना चाहते हैं। इसके लिए हमें आधुनिक उद्योगों, आधुनिक सेना और उन सब वस्तुओं की जरूरत होगी, जो हमारे अस्तित्व और आधुनिक परिस्थितियों नें हमारी स्वतंत्रता को संरक्षित रखने में आवश्यक हैं।

—टोकियो विश्वविद्यालय के छात्रों को संबोधन (नवंबर, 1944)

❊❊❊

राष्ट्रीय एकता

स्वतंत्र हो जाने पर यदि हम एक राष्ट्र के रूप में संगठित होना चाहते हैं, तो यथार्थ में हमें कठोर परिश्रम करना होगा। राष्ट्रीय एकता और संगठन को विकसित करने के लिए अनेक बातों की आवश्यकता है, यथा—एक सामान्य भाषा, एक सामान्य वेशभूषा, एक सामान्य आहार इत्यादि।...मेरे विचार से एकता की समस्या व्यापक रूप से एक मनोवैज्ञानिक समस्या है। लोगों को यह अनुभव कराने के लिए कि वे एक राष्ट्र के हैं, शिक्षित करना होगा और लोगों को अभ्यास कराना होगा। *—क्रास रोड्स, पृ. 54*

❊❊❊

राष्ट्रीय मुक्ति

हम जिस राष्ट्रीय मुक्ति की कामना करते हैं, वह त्याग और कष्ट-सहिष्णुता के रूप में अपनी कीमत लिए बिना नहीं मिल सकती। हममें से जिनके पास यह अनुभव करने के लिए हृदय है और ये कष्ट सहने के लिए अवसर हैं, उन्हें पूजा के ये पुष्प लेकर आगे आना चाहिए। *—भाई शरतचंद्र बोस को पत्र (23 अप्रैल, 1921)*

❊❊❊

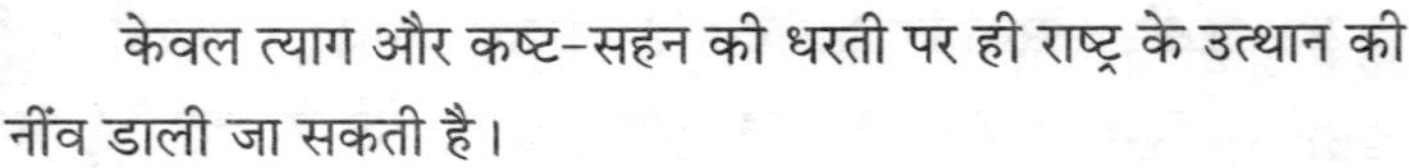

राष्ट्रोत्थान

केवल त्याग और कष्ट-सहन की धरती पर ही राष्ट्र के उत्थान की नींव डाली जा सकती है।

— भाई शरतचंद्र बोस को पत्र (6 अप्रैल, 1921)

❊ ❊ ❊

रुपया

जो रुपया उपार्जन करे, उसे यह भाव हृदय में रखना चाहिए—'रुपया मिट्टी; मिट्टी रुपया।' यह भाव हृदय में रखने से मनुष्य स्वार्थी अथवा कंजूस नहीं बन सकेगा। *— पत्रावली, पृ. 255*

❊ ❊ ❊

रूढ़िवाद

भारत जैसे देश में और विशेषतया ऐसे परिवारों में जहाँ रूढ़िवादी, पुरातन, सांप्रदायिक अथवा जातिवादी प्रभाव सर्वोपरि हैं, यह कतई संभव नहीं है कि कोई परिपक्वावस्था तक पहुँच जाए और विश्वविद्यालय की उच्च डिगरियाँ भी प्राप्त कर ले, लेकिन फिर भी रूढ़िमुक्त न हो पाए। ऐसे व्यक्ति को अकसर सामाजिक अथवा पारिवारिक रूढ़ियों के विरुद्ध विद्रोह करना ही पड़ता है।*— आत्मकथा, अध्याय-5*

❊ ❊ ❊

लक्ष्य (भारतीयों का)

संपूर्ण भारतीय बलिदान के आदर्श में विश्वास करते हैं। हिंदुओं में हम संन्यासियों का आदर्श रखते हैं और मुसलिम फकीरों के मार्ग को अपनाते हैं। क्या भारत के अट्ठाईस करोड़ मनुष्यों की आत्माओं की मुक्ति की अपेक्षा कोई अन्य महान् उद्देश्य, श्रेष्ठ प्रयोजन और पवित्र लक्ष्य हो सकता है। *— धनिकों से (26 अक्तूबर, 1943)*

❊ ❊ ❊

लिपि

मैं यह सोचने को बाध्य हूँ कि अंतिम और सर्वाधिक उपयुक्त समाधान यह है कि हम एक लिपि को स्वीकार करें, जो हमें शेष संसार में सही मार्ग पर ला सके।

— हरिपुरा कांग्रेस में अध्यक्षीय भाषण (19 फरवरी, 1938)

❊ ❊ ❊

मैं व्यक्तिगत रूप से लैटिन लिपि का समर्थक हूँ। क्योंकि हमको एक आधुनिक संसार में रहना है। हमें अन्य देशों के साथ संपर्क रखना होगा और भले ही हम इसे पसंद करें अथवा न करें, लैटिन लिपि को सीखना होगा। यदि इस देश भर में लेखन का माध्यम लैटिन लिपि को बना सकें तो इससे हमारी भाषा समस्या सुलझ जाएगी।

—टोकियो विश्वविद्यालय के छात्रों को संबोधन (नवंबर, 1944)

❊ ❊ ❊

राष्ट्रीय एकता के विकास–हेतु, हमें एक सामान्य भाषा और सामान्य लिपि विकसित करनी होगी।

—हरिपुरा कांग्रेस में अध्यक्षीय भाषण (19 फरवरी, 1938)

❊ ❊ ❊

संपूर्ण देश के लिए एक समान लिपि का चुनाव पूर्णरूपेण वैज्ञानिक और निष्पक्ष भावना से एवं प्रत्येक प्रकार के पूर्वाग्रह से मुक्त होकर किया जाना चाहिए।...जहाँ तक हमारी जनता का प्रश्न है, 90 प्रतिशत निरक्षर है और किसी भी लिपि से परिचित नहीं है और यह बात उनके लिए महत्त्वपूर्ण नहीं होगी कि जब उन्हें शिक्षित किया जाएगा तो किस लिपि का आरंभ किया जाएगा। रोमन लिपि उन्हें यूरोप की भाषा सीखने में अधिक सहायक होगी। मैं भलीभाँति जानता हूँ कि हमारे देश में रोमन लिपि का तुरंत ग्रहण कितना अधिक लोकप्रिय होगा। जो कुछ भी हो, मैं अपने देशवासियों से माँग करता हूँ कि वे उसी पर विचार करें, जो आगे चलकर सर्वाधिक बुद्धिमत्तापूर्ण समाधान हो।

—हरिपुरा कांग्रेस में अध्यक्षीय भाषण (19 फरवरी, 1938)

❊ ❊ ❊

लोकतंत्र

लोकतंत्र निश्चय ही पाश्चात्य संस्था नहीं है, यह मानवीय संस्था है। जहाँ कहीं मानव ने राजनैतिक संस्थाएँ विकसित करने का प्रयत्न किया है, वहीं प्राचीन भारतीय इतिहास लोकतंत्रीय संस्थाओं के उदाहरणों से परिपूर्ण है।

—महाराष्ट्र प्रांतीय कॉन्फ्रेंस, पूना के अध्यक्षीय पद से भाषण (3 मई, 1928)

❊ ❊ ❊

लोकमान्य तिलक

उनकी शारीरिक यातनाओं के संबंध में जितना कम कहा जाए, उतना ही उत्तम है। वह दंड-संहिता के अधीन एक सिद्ध दोषी थे। अत: आज के राजबंदियों की अपेक्षा उनको कुछ अंशों में अधिक ही यातनाएँ भोगनी पड़ी होंगी। केवल इतना ही नहीं, वह मधुमेह से भी पीड़ित थे।

—श्री एन.सी. केलकर को पत्र (मांडेल, 28 अगस्त, 1925)

❊ ❊ ❊

यह तो हम सबको विदित है कि लोकमान्य 6 वर्ष तक कारागार में रहे; परंतु मेरी यह पक्की धारणा है कि कदाचित् ही हममें से कोई यह जानता है कि उन्होंने इस अवधि में कैसी-कैसी शारीरिक और मानसिक यातानाएँ भोगीं। मुझे इस बात का पूर्ण विश्वास है कि वे यहाँ अकेले रहे। यहाँ उनका कोई बुद्धिजीवी साथी भी न था। केवल इतना ही नहीं, बल्कि वह अन्य बंदियों से मिलजुल भी नहीं सकते थे। सांत्वना के लिए केवल पुस्तकों का ही उन्हें एकमात्र सहारा था, अन्यथा उनका जीवन पूर्णरूपेण एकाकी था।

—श्री एन.सी. केलकर को पत्र (मांडले, 28 फरवरी, 1925)

❊ ❊ ❊

लोकमान्य तिलक के गीता-भाष्य जैसे गहन एवं उत्कृष्ट ग्रंथ को सर्वथा विपरीत, उत्साह भंग करनेवाले और शारीरिक शक्ति को क्षीण करनेवाले वातावरण में रहते हुए प्रस्तुत करने के लिए, बौद्धिक योग्यता के अतिरिक्त, कितनी आत्मशक्ति, साधनों की कितनी गंभीरता एवं सहनशीलता की आवश्यकता पड़ी होगी, इस रहस्य की अनुभूति कुछ समय के लिए जेल जाने के उपरांत ही संभव है। जहाँ तक मेरा व्यक्तिगत प्रश्न है—जितना-जितना मैं इस विषय पर मनन करता हूँ, उतना ही उतना श्रद्धा और आदर से आत्मविभोर हो जाता हूँ।

—श्री एन.सी. केलकर को पत्र (मांडले, 28 अगस्त, 1925)

❊ ❊ ❊

व्यक्तिगत हानि की पूर्ति तो समय की गति के साथ-साथ हो जाएगी, परंतु मेरे विचार से जनता के लिए इस हानि की मात्रा, समय की समाप्ति के साथ-साथ अधिकाधिक स्पष्ट होती जाएगी। उनकी बहुज्ञता इतनी उत्कृष्ट थी, उनके क्रियाकलाप

इतने व्यापक थे कि उनके निधन से जनता को आघात पहुँचना अवश्यंभावी है।

— श्री दिलीपकुमार राय को पत्र (मांडले, 11 सितंबर, 1925)

लोकहित

समाज या देश के जीवन-स्रोतों से अपने आपको दूर हटाकर रखने से मनुष्य गुमराह हो सकता है और उसकी प्रतिभा का एकपक्षीय विकास होने के कारण वह समाज से भिन्न अतिमानव के समान और कुछ बन सकता है। दो-चार असाधारण प्रतिभा-संपन्न यथार्थ साधकों की बात तो अवश्य ही भिन्न है, परंतु अधिकांश लोगों के लिए तो कर्म या लोकहित ही साधना का एक प्रधान अंग है।

— श्री दिलीपकुमार राय के नाम पत्र (9 अक्तूबर, 1925)

❋ ❋ ❋

विचार

जो विचार किशोरावस्था में सभी अवरोधों से टक्कर लेते हुए संघर्ष के बीच अपनी राह बनाने के लिए कसमसाते रहते हैं, वे ही उम्र बढ़ने के साथ गंभीर बनते जाते हैं।

— मित्र हेमंतकुमार सरकार को पत्र (1917)

❋ ❋ ❋

जो विचार सीधे हमारे हृदय से उद्भूत होते हैं, वे अन्य विचारों की अपेक्षा कहीं अधिक सक्षम होते हैं, भले ही हार्दिक विचारों की भाषा सीधी-सादी व अलंकृतन हो तथा अन्य विचार आलंकारिक भाषा और शैली में व्यक्त किए गए हों।

— भाई शरतचंद्र बोस को पत्र (कटक)

❋ ❋ ❋

यदि मनुष्य के मन में सोचने के लिए पर्याप्त विषय हैं, तो बंदी होने पर भी उसे कोई कष्ट नहीं होता।

— श्री दिलीपकुमार राय के नाम पत्र (2 मई, 1925)

❋ ❋ ❋

विजय हमारी होगी

अपनी आजादी और अधिकारों के लिए जब हम संसार के सबसे बड़े साम्राज्य

से लड़ रहे हैं और जब हमें विश्वास है कि अंत में विजय हमारी ही होगी, तब हम किसी राष्ट्र द्वारा अपनी नस्ल और संस्कृति पर किए गए हमले को बरदाश्त नहीं कर सकते। *—सुभाषचंद्र बोस, पृ. 70*

❊ ❊ ❊

हम पूर्व एशिया के भारतीय आज स्वतंत्र और संयुक्त भारत के लिए लड़ रहे हैं। हमने अपनी मातृभूमि को मुक्त करने का प्रस्ताव किया है और हमें विश्वास है कि अंततोगत्वा हम सफल होंगे। यह लड़ाई कितनी ही लंबी और कठिन क्यों न हो, हमें दृढ़ विश्वास है कि अंत में सत्य और न्याय की विजय होगी तथा भारत की मुक्ति के लिए हमारा संघर्ष सफल होगा।

—बर्मा से प्रसारण (12 सितंबर, 1944)

❊ ❊ ❊

विदेश स्थित भारतीय

आप विदेशों में स्थित अपने देशवासियों पर पूरा भरोसा करें। वे भारत को शीघ्र मुक्ति दिलाने के लिए दिलोजान से आपके साथ हैं और इसके लिए बराबर काम कर रहे हैं। आज हम भारत के राष्ट्रीय सम्मान के संरक्षक हैं और आजाद हिंद के गैर-सरकारी राजदूत हैं। जैसे देश में, वैसे ही विदेशों में, इस आजादी के लिए सदैव डटे रहेंगे और अपनी राष्ट्रीय सार्वभौमिकता पर किसी विदेशी सत्ता का अतिक्रमण कभी नहीं होने देंगे। *—आजाद हिंद रेडियो, जर्मनी से प्रसारण (31 अगस्त, 1942)*

❊ ❊ ❊

जहाँ तक विदेश-स्थित भारतीयों के दृष्टिकोण का प्रश्न है, मैं नहीं समझता कि कोई स्त्री या पुरुष ऐसा हो सकता है, जो नहीं चाहता कि भारत स्वतंत्र हो और जो राष्ट्रीय संघर्ष में सहायता करने को तत्पर न हो।

—सिंगापुर में आम सभा (9 जुलाई, 1943)

❊ ❊ ❊

विदेशी मित्र

विचारधाराओं के चक्कर में पड़कर कभी मत बहकिए और दूसरे देशों की आंतरिक राजनीति पर न जाइए। ये बातें हमारे लिए किसी मतलब की नहीं हैं। जब मैं यह कहता हूँ कि ब्रिटिश साम्राज्यवाद के दुश्मन हमारे दोस्त और साथी हैं तो मेरा

विश्वास कीजिए। ब्रिटिश साम्राज्य को टूटने और भारत को आजाद होते देखना उनके हित में है, क्योंकि वे भलीभाँति जानते हैं कि जब तक भारत ब्रिटिश जुए के नीचे है, तब तक उनकी जीत नहीं हो सकती। राजनीतिक क्षेत्र में कोई यह आशा नहीं कर सकता कि विदेशी ताकतों के अपने हित में न होते हुए भी वे हमसे सहानुभूति करेंगी। अगर कोई ऐसी आशा करे तो मैं उनमें सबसे अंतिम व्यक्ति ही हो सकता हूँ।

—आजाद हिंद रेडियो, जर्मनी से प्रसारण (31 अगस्त, 1942)

❋ ❋ ❋

विदेशी सहायता

यदि सर्वशक्तिमान ब्रिटिश सरकार भिक्षापात्र लेकर संसार में हर जगह, यहाँ तक कि गुलाम और साधनहीन भारतीयों से भी—सहायता माँगने के लिए घूम सकती है तो बाध्य किए जाने पर तो हमारे द्वारा बाहर से सहायता लेने में कोई हर्ज नहीं है।

—सिंगापुर में आम सभा (9 जुलाई, 1943)

❋ ❋ ❋

विद्यार्थी

आमतौर पर विद्यार्थी किसी राष्ट्र के सर्वाधिक आदर्शवादी भाग का प्रतिनिधित्व करते हैं और यह उनकी अंतर्निहित आदर्शवादिता का ही परिणाम है कि विश्व के विद्यार्थी यह अनुभव करते हैं कि वे एक ही बड़ी बिरादरी के सदस्य हैं। हमारा यह कर्तव्य होना चाहिए कि हम अपने विद्यार्थियों में एकता की इस भावना को पनपाएँ, ताकि उनके माध्यम से भारतीय जनता आनेवाले सभी कालों के लिए एक राष्ट्र के रूप में जुड़ जाए।

—क्रास रोड्स, पृ. 71

प्रत्येक छात्र के लिए एक शक्तिशाली और स्वस्थ शरीर, सुदृढ़ चरित्र और आवश्यक सूचनाओं एवं स्वस्थ गतिशील विचारों से परिपूर्ण मस्तिष्क अपेक्षित है। यदि अधिकारियों द्वारा किए गए प्रबंध स्वास्थ्य, चरित्र और बुद्धि के सही प्रस्फुटन में सहायक नहीं होते, तो आपको वे सुविधाएँ उपलब्ध करानी चाहिए, जो इस प्रस्फुटन

को सुनिश्चित कर सकें। और यदि अधिकारी इस दिशा में आपके प्रयत्नों का स्वागत करें, तो और भी अच्छी बात है, किंतु यदि वे इस ओर ध्यान नहीं देते तो उन्हें छोड़ दो और अपने रास्ते जाओ। आपका जीवन आपका अपना है और इसके विकास का उत्तरदायित्व दूसरों से ज्यादा आपके ऊपर है।

—स्टूडेंट कॉन्फ्रेंस, लाहौर में अध्यक्षीय भाषण
(19 अक्तूबर, 1929)

❊ ❊ ❊

विद्यार्थी और राजनीति

छात्र-आंदोलन का दूसरा अधिक महत्त्वपूर्ण पहलू भावी नागरिक को प्रशिक्षित करना है। यह प्रशिक्षण बौद्धिक और व्यावहारिक दोनों प्रकार का होगा। हमें छात्रों के सामने आदर्श समाज की दृष्टि रखनी है, जिसे उन्हें अपने जीवन में चरितार्थ करने का प्रयत्न करना चाहिए। वे उसका अपनी सामर्थ्यानुसार अनुसरण करने का प्रयत्न करें, ताकि छात्र के रूप में अपने दायित्व को पूरा करते समय वे स्वयं को विश्वविद्यालय के पश्चात् के जीवनक्रम के लिए तैयार कर सकें।

—स्टूडेंट कॉन्फ्रेंस, लाहौर में अध्यक्षीय भाषण (19 अक्तूबर, 1929)

❊ ❊ ❊

मैं जानता हूँ कि इस देश में ऐसे लोग हैं—यहाँ तक कि प्रसिद्ध व्यक्ति भी—जो यह सोचते हैं कि गुलाम जाति की कोई राजनीति नहीं होती और यह कि विशेष रूप से विद्यार्थियों को राजनीति में भाग नहीं लेना चाहिए। परंतु मेरा अपना विचार यह है कि एक गुलाम जाति के पास राजनीति के अतिरिक्त कुछ होता ही नहीं है। एक पराधीन देश में प्रत्येक समस्या, जो आप सोच सकते हैं, उचित प्रकार से विश्लेषित किए जाने पर मूलतः एक राजनीतिक समस्या सिद्ध होगी। जैसा कि स्व. देशबंधु चितरंजनदास कहा करते थे, 'जीवन एक पूर्ण इकाई' और इसलिए आप राजनीति को शिक्षा से अलग नहीं कर सकते। मानव-जीवन को विभागों में नहीं बाँटा जा सकता।

—स्टूडेंट कॉन्फ्रेंस में अध्यक्षीय भाषण (19 अक्तूबर, 1929)

❊ ❊ ❊

मैं यह नहीं समझ पाता हूँ कि राजनीति में भाग लेने पर विशेष पाबंदी क्यों लगाई

जाए, जबकि सामान्य रूप से राष्ट्रकार्य में भाग लेने पर कोई पाबंदी नहीं लगाई जाती। सारे राष्ट्रकार्य पर पाबंदी की बात तो मेरी समझ में आती है, किंतु मात्र राजनीतिक कार्य पर पाबंदी निरर्थक है। एक पराधीन देश में, यदि समस्याएँ मूलत: राजनीतिक समस्याएँ हैं तो सारे क्रियाकलाप भी वास्तव में राजनीतिक ही हैं। किसी भी स्वाधीन देश में राजनीति में भाग लेने पर कोई पाबंदी नहीं है, इसके विपरीत विद्यार्थियों को राजनीति में भाग लेने के लिए प्रेरित किया जाता है, क्योंकि विद्यार्थियों में से ही राजनीतिक, विचारक और राजनीतिज्ञ उत्पन्न होते हैं।

—स्टूडेंट कॉन्फ्रेंस, लाहौर में अध्यक्षीय भाषण (19 अक्तूबर, 1929)

❋ ❋ ❋

यदि भारत में विद्यार्थी सक्रिय राजनीति में भाग नहीं लेंगे तो हम अपने राजनीतिक कार्यकर्ताओं की भरती कहाँ से करेंगे और हम उन्हें प्रशिक्षित कहाँ करेंगे? इसके अतिरिक्त यह स्वीकार करना होगा कि राजनीति में भाग लेना चरित्र और पौरुष के विकास के लिए आवश्यक है।

क्रियाविहीन विचार चरित्र-निर्माण के लिए पर्याप्त नहीं है और इसी कारण से स्वस्थ क्रियाकलाप—राजनीतिक, सामाजिक अथवा कलात्मक—में भाग लेना चरित्र के विकास के लिए आवश्यक है। विश्वविद्यालयों को केवल किताबी कीड़े, स्वर्णपदक-विजेता और कार्यालय लिपिक उत्पन्न नहीं करने हैं, वरन् ऐसे चरित्रवान व्यक्ति उत्पन्न करने हैं, जो जीवन के विभिन्न क्षेत्रों में अपने देश के लिए महानता को प्राप्त करके यश अर्जित करें।

—स्टूडेंट कॉन्फ्रेंस, लाहौर में अध्यक्षीय भाषण (19 अक्तूबर, 1929)

❋ ❋ ❋

राष्ट्रीय जीवन के सभी पक्ष परस्पर संबंधित होते हैं और इसकी सभी समस्याएँ गुँथी हुई रहती हैं। इस कारण से एक गुलाम जाति की सारी बुराइयों और कमियों का कारण राजनीतिक यानी राजनीतिक दासता ही होगा। परिणामत: विद्यार्थी की राजनीतिक स्वतंत्रता प्राप्त करने की अति महत्त्वपूर्ण समस्या को अनदेखा नहीं कर सकते।

—स्टूडेंट कॉन्फ्रेंस लाहौर, में अध्यक्षीय भाषण (19 अक्तूबर, 1929)

❋ ❋ ❋

विद्यार्थी परिषद्

मैं चाहता हूँ कि हमारी छात्र-परिषदों को अपने संबंधित क्षेत्रों में मात्र छात्रों के लाभ के लिए सहकारी स्वदेशी स्टोर प्रारंभ करने चाहिए। यदि ऐसे स्टोर स्वयं छात्रों द्वारा कुशलतापूर्वक चलाए गए तो उनसे दुहरे उद्देश्य की प्राप्ति होगी। एक ओर स्वदेशी वस्तुएँ छात्रों को सस्ते मूल्य पर उपलब्ध होंगी और इससे गृह-उद्योगों को प्रोत्साहन मिलेगा, दूसरी ओर छात्र सहकारी स्टोर चलाने का अनुभव प्राप्त कर सकेंगे और प्राप्त हुए लाभ को छात्र-समुदाय के कल्याण में खर्च कर सकेंगे।

—स्टूडेंट कॉन्फ्रेंस, लाहौर में अध्यक्षीय भाषण
(19 अक्तूबर, 1929)

❊ ❊ ❊

विद्यालय

मैं कुछ भारतीयों के इस प्रयत्न की तीव्र निंदा करता हूँ कि वे इंग्लिश पब्लिक स्कूलों के ढंग पर अंग्रेज शिक्षकों की सहायता से भारतीय स्कूल चलाना चाहते हैं। यह संभव है कि कुछ लड़के, विशेषतया वे जो मानसिक दृष्टि से बहिर्मुखी हैं, वैसे वातावरण में काफी खुशी अनुभव करें, लेकिन अंतर्मुखी बच्चों को कष्ट का अनुभव अवश्य होगा, और उस स्थिति में इस पद्धति के और इसके पीछे जो भी जीवन-दृष्टि है, उसके प्रति विरोधी प्रतिक्रिया अवश्यंभावी है।

—आत्मकथा, अध्याय-4

❊ ❊ ❊

विभाजन

क्या यह संभव है कि किसी राष्ट्र के जीवन को दो खानों में बाँट दिया जाए और एक को तो विदेशियों को सौंप दिया जाए तथा दूसरे को अपने लिए आरक्षित रखा जाए? क्या हमारे लिए यह संभव है कि हम जीवन को उसकी समग्रता में ही वर्गीकृत या निरस्त करें?

—आत्मकथा, अध्याय-7

❊ ❊ ❊

विरक्त

विरक्त की दो श्रेणियाँ होती हैं। एक वे जो किसी-न-किसी संगठन, आश्रम या

मठ से संबद्ध होते हैं और दूसरे वे जो सर्वथा स्वतंत्र होते हैं, जिनके पीछे कोई संगठन नहीं होता और जो किसी भी तरह के उलझाव से बचकर चलते हैं।

—आत्मकथा, अध्याय-5

***

विरोधाभास

हमें विरोधाभासों के बीच से होकर गुजरना होता है। वे हमारे जीवन को पूर्ण बनाते हैं। *—मित्र हेमंतकुमार सरकार को पत्र (19 सितंबर, 1915)*

***

विश्वास

मुझे पराजित करने के लिए शत्रु बार-बार अपने दलों को संगठित कर रहे हैं। अदृश्य शक्ति के बल से ही मैं उन्हें बार-बार पछाड़ता आया हूँ। निश्चित रूप से यह नहीं कहा जा सकता कि अंत में क्या होगा? परंतु स्मरण रहे कि संतान की विजय का अर्थ माँ की विजय है; संतान की पराजय का तात्पर्य है, माता की पराजय।

—पत्रावली, पृ. 276

***

वीरपूजा

जो महान् होना चाहते हैं, उनको जहाँ कहीं भी महानता दीखे, उसको पूजा करते हुए अपना जीवन प्रारंभ करना चाहिए। जो वीर नायक बनना चाहते हैं, उन्हें सर्वप्रथम वीरपूजा सीखनी चाहिए। *—क्रास रोड्स, पृ. 325*

***

शक्ति

भय पर विजय प्राप्त करने का उपाय है शक्ति, विशेष रूप से दुर्गा, काली आदि की शक्ति की साधना करना। शक्ति के किसी भी रूप की मन कल्पना करके प्रार्थना करने और चरणों में मन की दुर्बलता और मलिनता को अर्पित कर देने से मनुष्य शक्ति प्राप्त कर सकता है। हमारे भीतर अनंत शक्ति निहित है। उस शक्ति का बोध करना पड़ेगा। *—श्री हरिचरण बागची को पत्र (1926)*

***

हमारा संपूर्ण अस्तित्व सबलता की भावना से ओत-प्रोत होना चाहिए। हमें फिर पर्वतों को लाँघना है, जब आर्यों ने यह सब किया था तभी वे हमें वेद दे पाए थे।

—मित्र हेमंतकुमार सरकार को पत्र (19 अक्तूबर, 1915)

❋❋❋

शरीर

जो शरीर क्षणभंगुर है और जिसे अंतत: मिट्टी में मिल जाना है, उसकी चिंता करने से क्या लाभ ? श्रमवीर के लिए उदासींनता का यह दृष्टिकोण अत्यंत अवांछनीय है।

—मित्र हेमंतकुमार सरकार को पत्र (21 जनवरी, 1920)

❋❋❋

शांति

अपने में ही चेतना को केंद्रित रखने और आत्मविश्वास के स्रोत में जीवन-नैया को बहाने में परम शांति है। अधिक समय तक विपरीत स्थिति में रहना हो तो शांत मन ही एकमात्र अवलंब है। इस कारण लंबे कारावास की संभावना में मैं एक अपूर्व शांति अनुभव कर रहा हूँ।

—पत्रावली, पृ. 230

❋❋❋

शाकाहार

मैं निरामिषभोजी होना चाहता हूँ। लेकिन इस डर से मैं अभी तक ऐसा नहीं कर सका हूँ कि लोग मेरे इस कदम का विरोध करेंगे या इसका कुछ और अर्थ निकालेंगे। मैं इसलिए शाकाहारी होना चाहता हूँ कि हमारे ऋषियों ने कहा है कि अहिंसा एक महान् गुण है। केवल ऋषियों ने ही नहीं, बल्कि स्वयं भगवान् ने ऐसा कहा है। इसलिए भगवान् की सृष्टि को नष्ट करने का हमें क्या अधिकार है ? क्या ऐसा करना महान् पाप नहीं है ? जो लोग कहते हैं कि अगर मछली न खाई जाए तो नेत्र-ज्योति मंद पड़ जाती है, वे गलती पर हैं। हमारे ऋषि इतने अज्ञानी नहीं थे कि अगर मछली न खाने से लोग अंधे हो जाते तो वे मछली खाने का निषेध करते।

—माता प्रभावती देवी को पत्र (सन् 1912-13)

❋❋❋

शासन-तंत्र

हम अनुभव करते हैं कि हमारे देश में संस्थाओं और संगठनों का जाल खड़ा करके और उनके संचालन के लिए अधिकारियों का तंत्र खड़ा करके नौकरशाही ने स्वयं को संस्थापित कर लिया है। ये नौकरशाही तंत्र की पीठिकाएँ हैं और उनके माध्यम से नौकरशाही ने लोगों के दिलों पर अधिकार जमा लिया है। हमें शक्ति के इन किलों पर प्रहार करना है और इसी उद्देश्य से समानांतर संस्थाएँ गठित करनी हैं।

—महाराष्ट्र कॉन्फ्रेंस, पूना के अध्यक्षीय पद से भाषण (3 मई, 1928)

* * *

शासन-पद्धति

स्वतंत्र भारत में हमारा कार्य ऐसी शासन-पद्धति को विकसित करना होगा, जो संसार के विभिन्न भागों में चल रही पद्धतियों का समन्वित रूप हो।

—टोकियो विश्वविद्यालय के छात्रों को संबोधन (नवंबर, 1944)

* * *

हमको भारत में प्रजातांत्रिक संस्थाओं का कुछ अनुभव है और हमने फ्रांस, इंग्लैंड तथा अमरीका जैसे देशों में भी प्रजातांत्रिक संस्थाओं की कार्य-प्रणाली का अध्ययन किया है। और हम इस परिणाम पर पहुँचे हैं कि हम प्रजातांत्रिक प्रणाली को अपनाकर स्वतंत्र भारत की समस्याओं को नहीं सुलझा सकते। अत: भारत में आधुनिक प्रगतिशील विचार एक अधिनायकवादी राज्य के पक्ष में है, जो जनता के सेवक अथवा अंग के रूप में कार्य करेगा, कुछ धनी व्यक्तियों के अथवा किसी गुट के सेवक के रूप में नहीं।

—टोकियो विश्वविद्यालय के छात्रों को संबोधन (नवंबर, 1944)

* * *

शिक्षक

यदि शिक्षक योग्य नहीं तो प्राथमिक शिक्षा सफल नहीं हो सकती। सर्वप्रथम तो शिक्षक को प्राथमिक शिक्षा के मौखिक सिद्धांत समझने चाहिए। तभी वह नई प्रणाली से शिक्षा प्रदान कर सकता है। शिक्षक को अपने हृदय में प्रेम और सहानुभूति को स्थान देना होगा। यह आवश्यक है कि वह छात्रों के दृष्टिकोण से ही सब वस्तुओं को देखे।

यदि शिक्षक अपनी कल्पना छात्रों की स्थिति में नहीं कर सकता, तो वह किस प्रकार छात्रों की कठिनाइयों और भ्रांति को समझ सकता है। इसी प्रकार शिक्षा में अध्यापक का व्यक्तित्व सर्वाधिक महत्त्वपूर्ण होता है। प्रमुख उत्पादक तीन हैं—(1) शिक्षक का व्यक्तित्व, (2) शिक्षा-प्रणाली, (3) शिक्षा के विषय और पाठ्य-पुस्तकें। यदि शिक्षक का व्यक्तित्व प्रभावशाली नहीं है तो किसी भी प्रकार की शिक्षा संभव नहीं हो सकती। चरित्रवान, व्यक्तित्व-संपन्न शिक्षक मिल जाए, तभी शिक्षा की प्रणाली निर्धारित हो सकती है। फिर तो किसी भी विषय की पुस्तक सरलता से पढ़ाई जा सकती है।

—श्री हरिचरण बागची के नाम पत्र (1926)

❋❋❋

शिक्षक को अपने हृदय में प्रेम और सहानुभूति को स्थान देना होगा। यह आवश्यक है कि वह छात्रों के दृष्टिकोण से ही सब वस्तुओं को देखे। यदि शिक्षक अपनी कल्पना छात्रों की स्थिति में नहीं कर सकता, तो वह किस प्रकार छात्रों की कठिनाइयों और भ्रांतियों को समझ सकता है। इसी कारण अध्यापक का व्यक्तित्व सर्वाधिक महत्त्वपूर्ण होता है।

—श्री हरिचरण बागची को पत्र (1926)

❋❋❋

शिक्षा

कहानियों के माध्यम से शिक्षा देना सर्वाधिक लाभप्रद और आवश्यक है, इससे छात्रों को इस बात का अनुभव ही नहीं होता कि वे कुछ लिखना-पढ़ना भी सीख रहे हैं। वे तो यही समझते हैं कि कहानी सुन रहे हैं या खेल रहे हैं। प्रथम अवस्था में पाठ्य-पुस्तकों की कोई आवश्यकता नहीं है। जब पेड़-पौधे, फूल आदि के संबंध में बताओ, तब उनके समक्ष ये सब रहने चाहिए। जब उन्हें खुले आकाश के नक्षत्रों के संबंध में बताओ, तब उन्हें खुले आकाश के नीचे ले जाकर सिखाना चाहिए। जो कुछ उन्हें सिखाओ, वह उनके नेत्रों के समक्ष उपस्थित रहना चाहिए। जब भूगोल पढ़ाओ, तब मानचित्र, ग्लोब आदि रहना चाहिए। जब इतिहास पढ़ाओ तब सुविधानुसार अजायबघर आदि स्थानों में ले जाना चाहिए। निर्धनों को शिक्षा देते समय संगीत, छपाई, चित्रकला, बागवानी आदि भी सिखलाए जाने चाहिए। यदि ऐसा न हुआ तो

प्राथमिक शिक्षा एकदम व्यर्थ है। वस्तुओं का ज्ञान ही अधिक आवश्यक है, पाठ कंठस्थ करना नहीं।

— श्री हरिचरण बागची के नाम पत्र (1926)

❋ ❋ ❋

प्राथमिक शिक्षा और उच्च शिक्षा में एक महत्त्वपूर्ण अंतर यह है कि प्राथमिक शिक्षा में नवीन तथ्य सिखाने का प्रयत्न आवश्यक है। उच्च शिक्षा में नवीन तथ्य सिखाने के साथ ही तर्क–शक्ति का विकास भी होना आवश्यक है।

— श्री हरिचरण बागची को पत्र (1926)

❋ ❋ ❋

मैंने यह अनुभव कर लिया है कि अध्ययन ही विद्यार्थी के लिए अंतिम लक्ष्य नहीं है। विद्यार्थियों का प्राय: यह विचार होता है कि अगर उन पर विश्वविद्यालय का ठप्पा लग गया तो उन्होंने जीवन का चरम लक्ष्य पा लिया। लेकिन अगर किसी को ठप्पा लगने के बाद भी वास्तविक ज्ञान नहीं प्राप्त हुआ तो ? मुझे कहने दीजिए कि मुझे ऐसी शिक्षा से घृणा है। क्या इससे कहीं अधिक अच्छा यह नहीं है कि हम अशिक्षित रह जाएँ।

— माता प्रभावती देवी को पत्र (सन् 1912–13)

❋ ❋ ❋

शिक्षा का उद्‌देश्य है, बुद्धि को कुशाग्र बनाना और विवेकशक्ति को विकसित करना। यदि ये दोनों उद्‌देश्य पूर्ण हो जाते हैं तो यह मानना चाहिए कि शिक्षा का लक्ष्य पूरा हो गया है। यदि कोई पढ़ा–लिखा व्यक्ति चरित्रवान नहीं है, तो क्या मैं उसे पंडित कहूँगा ? कभी नहीं। और यदि एक अनपढ़ व्यक्ति ईमानदारी से काम करता है, ईश्वर में विश्वास रखता है और उससे प्रेम करता है, तो मैं उसे महापंडित मानने को तैयार हूँ। कोई व्यक्ति कुछ बातें रट–रटकर ही विद्वान् नहीं बन जाता।

— माता प्रभावती देवी को पत्र (1912–13)

❋ ❋ ❋

शिक्षा-पद्धति

यदि कोई शिक्षा–प्रणाली भारतीय परिस्थितियों, भारतीय आवश्यकताओं और भारतीय इतिहास तथा सामाजिकता की उपेक्षा करती है तो वह इतनी अवैज्ञानिक होगी

कि उसे कोई भी युक्तिसंगत समर्थन नहीं दिया जा सकता। पूर्व और पश्चिम के बीच सांस्कृतिक समन्वय के प्रति उचित मनोवैज्ञानिक दृष्टिकोण यह नहीं होगा कि भारतीय बच्चों पर कच्ची उम्र पर अंग्रेजी शिक्षा लाद दी जाए, बल्कि यह होगा कि जब वे विकसित हो जाएँ, तो उन्हें पश्चिम के निकट वैयक्तिक संपर्क में लाया जाए, जिससे वे स्वयं यह निर्णय कर सकें कि पूर्व में और पश्चिम में क्या अच्छा है और क्या नहीं है।

—आत्मकथा, अध्याय-4

❋ ❋ ❋

शिल्प-कला

अर्थ-नीति के अनुसार मनुष्य के सब काम उत्पादक होते हैं या अनुत्पादक। कौन-सा काम शास्त्र के अनुसार उत्पादक है और कौन-सा अनुत्पादक इस बात को लेकर बहुत तर्क-वितर्क किया जाता है। मैं तो शिल्प-कला को या तत्संबंधी अन्य किसी क्रिया को अनुत्पादक नहीं मानता, और दार्शनिक चिंतन या तत्त्व-जिज्ञासा को निष्फल या निरर्थक मानकर उसकी उपेक्षा भी नहीं करता।

—श्री दिलीपकुमार राय के नाम पत्र (9 अक्तूबर, 1925)

❋ ❋ ❋

शिल्प-शिक्षा

केवल मानसिक शिक्षा न देकर शिल्प-शिक्षा की व्यवस्था भी साथ-साथ करनी चाहिए। पुतला बनाना, मिट्टी के मानचित्र बनाना, फोटो खींचना, रंग का प्रयोग, गाना सीखना, इन सबकी व्यवस्था करनी चाहिए। इससे न केवल सर्वांगीण शिक्षा मिलेगी अपितु साथ-ही-साथ लिखने-पढ़ने की भी विशेष उन्नति होगी। कई प्रकार की विद्या सीखने से लड़कों की बुद्धि बढ़ती है, लिखने-पढ़ने में मन लगता है। लिखने-पढ़ने का नाम सुनकर भय नहीं लगता। विभिन्न वस्तुएँ न दिखाकर केवल रटाते हुए लिखाई-पढ़ाई सिखाना प्रारंभ कर देने से तो उस लिखाई-पढ़ाई में आनंद नहीं आता। बच्चा लिखाई-पढ़ाई से भयभीत हो जाता है और उसकी बुद्धि का विकास नहीं होता।

—श्री हरिचरण बागची को पत्र (1926)

❋ ❋ ❋

शूद्र

शूद्र अथवा भारत के अछूत कहे जानेवाले लोग मजदूर दल के संघटक हैं। अभी तक इन लोगों को केवल प्रताड़ना ही मिली है। उनकी शक्ति और उनका उत्सर्ग भारत की प्रगति को संभव बनाएगा।

—मित्र चारुचंद्र गांगुली को पत्र (कैंब्रिज, 23 मार्च, 1920)

❊❊❊

श्रद्धा

मुझे केवल श्रद्धा चाहिए। तर्क से अतीत श्रद्धा—यह श्रद्धा कि भगवान् का अस्तित्व है। इसके अतिरिक्त मुझे कुछ भी नहीं चाहिए। श्रद्धा से मुझमें भक्ति जाग्रत् होगी और भक्ति से ज्ञान मुझे स्वतः प्राप्त होगा। महान् ऋषियों ने कहा है कि श्रद्धा से ही ज्ञान-प्राप्ति का मार्ग खुलता है।

—माता प्रभावती देवी को पत्र (सन् 1912-13)

❊❊❊

श्रद्धा का अभाव ही सभी प्रकार के दुर्भाग्य और दुःख की जड़ है।

—माता प्रभावती देवी को पत्र (सन् 1912-13)

❊❊❊

संगीत

जिसके हृदय में आनंद नहीं है, संगीत से जिसका हृदय तरंगित नहीं होता, क्या वह व्यक्ति जगत् में कोई महान् कार्य कर सकता है?

—दिलीपकुमार राय के नाम पत्र (9 अक्तूबर, 1926)

❊❊❊

मेरे विचार से जिस व्यक्ति के हृदय में संगीत का स्पंदन नहीं है, वह चिंतन और कर्म द्वारा कदापि महान् नहीं बन सकता। हम चाहते हैं कि हमारे रक्त में आनंदानुभूति का संचार हो। इसका कारण यह है कि आनंद की पूर्णता से ही हम सृष्टि कर सकते हैं, संगीत के समान आनंद भला और कौन दे सकता है?

—दिलीपकुमार राय के नाम पत्र
(9 अक्तूबर, 1925)

❊❊❊

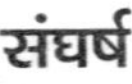

संघर्ष

आजादी का अंतिम संघर्ष लंबा और मुश्किल होगा और हमें तब तक लड़ते ही रहना होगा, जब तक कि भारत पर कब्जा रखने वाले सभी अंग्रेजों को हम काराग्रस्त या निकाल बाहर न कर दें।

—बैंकाक से प्रसारण (2 अक्तूबर, 1943)

❊❊❊

हम संघर्षों और उनके समाधानों द्वारा ही आगे बढ़ते हैं।

—आत्मकथा, अध्याय-10

❊❊❊

संतुलन

हमारे यहाँ की जलवायु में कुछ ऐसी कमी है कि हम मिताचार और अत्युत्साह संतुलन स्थापित नहीं कर पाते। जहाँ उत्साह है, वहाँ मिताचार नहीं है और जहाँ मिताचार है, वहाँ उत्साह या स्फूर्ति नहीं है।

—मित्र हेमंतकुमार सरकार को पत्र (4 फरवरी, 1920)

❊❊❊

हमारे देश में यह जीवन-प्रणाली का ही दोष है कि जो काम नहीं करना चाहते, वे कुछ भी नहीं करते और जो करना चाहते हैं, वे आवश्यकता से अधिक काम करने लगते हैं और एक ही दिन में सब-कुछ उपलब्ध कर लेने के फेर में अपना स्वास्थ्य और सब-कुछ गँवा बैठते हैं।

—मित्र हेमंतकुमार सरकार को पत्र (19 जनवरी, 1920)

❊❊❊

संदेश

भारत के स्वतंत्रता-संग्राम के लिए जन, धन और रसद देकर आपने देशभक्ति और त्याग का जाज्वल्यमान उदाहरण प्रस्तुत किया है। पूर्ण लामबंदी के मेरे आह्वान के जवाब में आपने उदारता और उत्साह का जैसा प्रदर्शन किया है, उसे मैं कभी नहीं भूल सकता। आपने अपने लड़के-लड़कियों को एक बारहमासी जलधारा के रूप में आजाद हिंद फौज और रानी झाँसी रेजीमेंट में भेजा। उदार होकर आपने आजाद हिंद फौज की आरजी सरकार के युद्ध-कोष के लिए नकदी और माल चंदे में दिया। संक्षेप में आपने

भारत के असली पुत्र-पुत्रियों का कर्तव्य निभाया है। आपके कष्ट-सहन और बलिदान का तुरंत कोई परिणाम नहीं निकाला, यह सच है और आपसे भी अधिक इस बात का मुझे दु:ख है।

फिर भी विश्वास रखिए कि ये व्यर्थ नहीं गए; क्योंकि उन्होंने हमारी मातृभूमि की स्वतंत्रता का पथ प्रशस्त कर दिया है और वे सारे संसार में बसे भारतीयों के लिए सदा-सर्वदा प्रेरणा के स्रोत रहेंगे। भविष्य आपको आशीर्वाद देगा और भारतीय स्वतंत्रता की वेदी पर आपने जो बलिदान किए और जो ठोस उपलब्धियाँ प्राप्त कीं उन्हें गौरव के साथ बखाना जाएगा।

—पूर्व एशिया के भारतीयों को संदेश (17 अगस्त, 1945)

❊ ❊ ❊

संबंध

मनुष्य कोई संबंध मान ले तो साथ-साथ कई कर्तव्य भी उसके सिर पर आ जाते हैं और उनको पूर्ण न करने से अन्याय होता है।

—पत्रावली, पृ. 245-46

❊ ❊ ❊

संयम

निस्संदेह बचपन और युवावस्थाओं में पवित्रता और संयम बहुत आवश्यक है।

—आत्मकथा, अध्याय-6

❊ ❊ ❊

सच्चाई और ईमानदारी

जब तक मैं सच्चाई और ईमानदारी को नहीं छोड़ता, तब तक मैं गलत मार्ग पर जा ही नहीं सकता। यह संभव है कि सत्य और मेरी प्रगति सीधी न होकर टेढ़ी-मेढ़ी हो। आखिर जीवन का प्रयाण सीधे थोड़े ही होता है। पूरा सीधापन तो केवल एक सीधी रेखा में ही हो सकता है।

—पत्रावली, पृ. 285

❊ ❊ ❊

सच्चा क्रांतिकारी

एक सच्चा क्रांतिकारी वह है जो कभी हार नहीं मानता; जो कभी अवनत या

हताश अनुभव नहीं करता। एक सच्चा क्रांतिकारी अपने उद्‌देश्य के औचित्य में विश्वास करता है और आश्वस्त होता है कि अंततोगत्वा उसका उद्‌देश्य सफल होकर रहेगा।

—सिंगापुर से प्रसारण (24 जुलाई, 1945)

❋❋❋

सच्चा ज्ञान

सच्चा ज्ञान तो भगवान् के दर्शन से ही होता है। शेष जो कुछ है, वह ज्ञान नहीं है। मैं विद्वान् या पंडित व्यक्तियों को आसमान पर नहीं चढ़ाना चाहता। मैं ऐसे व्यक्ति की पूजा करता हूँ, जिसका हृदय ईश्वर के प्रेम से सराबोर है। अगर ऐसा व्यक्ति नीची जाति का भी हो तो मैं उसकी चरण-धूलि लेने को तैयार हूँ, क्योंकि मेरे लिए उसकी चरण-धूलि बड़ी पवित्र वस्तु है। और जिस व्यक्ति में दुर्गा या हरि जैसे भगवान् के नाम के उच्चारण को सुनते ही हर्ष की हिलोरें उठने लगती हैं, शरीर रोमांचित होने लगता है, वह तो, निस्संदेह, स्वयं भगवान् है।

—माता प्रभावती देवी को पत्र (सन् 1912-13)

❋❋❋

सत्य

क्या मनुष्य के लिए निरपेक्ष सत्य की अनुभूति कर पाना असंभव है ? प्रत्येक व्यक्ति किसी एक सापेक्ष सत्य को अपने जीवन का निरपेक्ष सत्य बना लेता है और फिर उसी पैमाने से इस जीवन की अच्छाई और बुराई तथा सुख-दुःख को नापता है। किसी को भी यह अधिकार नहीं है कि वह किसी दूसरे के जीवन-दर्शन में हस्तक्षेप करे या उसके विरुद्ध कोई बात कहे। लेकिन यह तभी संभव है, जब उस जीवन-दर्शन का आधार सच्चाई और सदाशयता हो। *—मित्र हेमंतकुमार सरकार को पत्र*

❋❋❋

सत्य की उपेक्षा हम नहीं कर सकते। हमें उसकी प्रकृति जानने का प्रयास करना ही होगा। यद्यपि, जैसा कि मैं पहले कह चुका हूँ, सत्य का यह ज्ञान अधिक-से-अधिक सापेक्ष ही हो सकता है और उसे निरपेक्ष सत्य की दार्शनिक संज्ञा नहीं दी जा सकती। इस सापेक्ष सत्य को ही हमारे जीवन का आधार बनाना चाहिए, भले ही आज का सापेक्ष सत्य कल बदल जानेवाला हो।

सत्य वास्तव में इतना विशाल है कि हमारी छोटी सी कमजोर बुद्धि उसे पूरी तरह आबद्ध नहीं कर पाती। फिर भी हमें अपने जीवन का निर्माण उस सिद्धांत को लेकर करना है, जिसमें अधिकतम सत्य है। हम यह सोचकर निष्क्रिय नहीं बैठ सकते कि हम निरपेक्ष सत्य को नहीं जानते अथवा नहीं जान सकते।

—आत्मकथा, अध्याय-10

सत्याग्रह

सत्याग्रह, जैसा कि मैं इसे समझता हूँ, मात्र निष्क्रिय प्रतिरोध नहीं है, वरन् सक्रिय प्रतिरोध भी है, यद्यपि यह क्रियाशीलता अहिंसक प्रकृति की होनी चाहिए।

—हरिपुरा कांग्रेस में अध्यक्षीय भाषण (16 फरवरी, 1938)

❋ ❋ ❋

सनक

जिस व्यक्ति में सनक नहीं होती, वह कभी महान् नहीं हो सकता। लेकिन सभी सनकी व्यक्ति महान् नहीं बन जाते। सभी पागल व्यक्ति प्रतिभाशाली नहीं बन जाते। आखिर क्यों? कारण यह है कि केवल पागलपन यथेष्ट नहीं है। कुछ और भी आवश्यक है। अगर तुम्हारी सनक का परिणाम यह होता है कि तुम आत्म-नियंत्रण खो बैठते हो, तो तुम्हें अपनी जिज्ञासा का कोई भी समाधान प्राप्त नहीं हो सकता।

—मित्र हेमंतकुमार सरकार को पत्र (16 सितंबर, 1915)

❋ ❋ ❋

समझौता

अपने पिछले अनुभव के कारण मैं बहुत तीव्रता से महसूस करता हूँ कि समझौता-परस्ती बड़ी अपवित्र है। यदि मैं 1916 में जेम्स के सम्मुख सर ऊँचा करके खड़ा होता और स्वीकार कर लेता कि मैंने ओटेन पर हमला किया है तो मैं एक बेहतर तथा अधिक सच्चा इनसान सिद्ध होता और विद्यार्थी-संप्रदाय के उद्देश्यों की अधिक अच्छी तरह से पूर्ति कर सकता, हालाँकि स्वयं मुझे प्रतिकूल परिणाम झेलने होते।

— भाई शरतचंद्र बोस को पत्र (25 अप्रैल, 1921)

❋ ❋ ❋

मेरा यह विश्वास बन गया है कि समझौता एक बुरी चीज है, जो मनुष्य को सम्मान से च्युत करता है और उसके आदर्श को क्षति पहुँचाता है।

— भाई शरतचंद्र बोस को पत्र (23 अप्रैल, 1921)

❊ ❊ ❊

हमें एक राष्ट्र का निर्माण करना है और राष्ट्र का निर्माण तभी संभव हो सकता है, जब हम हैंपडन और क्रामवेल जैसे व्यक्तियों के समझौता-विरोधी आशीर्वाद से प्रेरित हों।

— भाई शरतचंद्र बोस को पत्र (23 अप्रैल, 1921)

❊ ❊ ❊

समर्पण

मनुष्य-जीवन जन्म और मृत्यु का अनंत चक्र है और उसका सार यह है कि हम हरि के प्रति समर्पित हो सकें, इस समर्पण के बिना जीवन का कोई अर्थ नहीं है। हममें और पशुओं में यही अंतर है कि पशु न भगवान् के अस्तित्व का अनुमान कर सकते हैं और न उसकी प्रार्थना कर सकते हैं। जबकि हम अगर चाहें तो वैसा कर सकते हैं।

— माता प्रभावती देवी को पत्र (सन् 1912-13)

❊ ❊ ❊

वह व्यक्ति धन्य है, जिसने अपने इसी जीवन में अपने-आपको बिना किसी शर्त के भगवान् के हाथों में सौंप दिया है। उसे ही पूर्णता प्राप्त होती है और इस संसार में आकर उसका जीवन सार्थक बनता है। लेकिन कितने दुःख की बात है कि हम इस महान् सत्य को स्वीकार नहीं करते। हम इतने अंधे, इतने अविश्वासी और अज्ञानी हैं कि इस सत्य का अनुभव नहीं कर पाते। हम वास्तव में मनुष्य कहलाने योग्य नहीं हैं। हम तो इस पापपूर्ण युग में राक्षसों के समान हैं।

— माता प्रभावती देवी को पत्र (सन् 1912-13)

❊ ❊ ❊

समाजवाद

मेरे मन में किसी प्रकार का संदेह नहीं है कि हमारी मुख्य राष्ट्रीय समस्याएँ, जो गरीबी, अशिक्षा और बीमारी के उन्मूलन से एवं वैज्ञानिक उत्पादन और वितरण से

संबंधित हैं। समाजवादी आधार पर ही प्रभावशाली ढंग से सुलझाई जा सकती हैं। *—हरिपुरा कांग्रेस में अध्यक्षीय भाषण (19 फरवरी, 1938)*

❊ ❊ ❊

मेरे मस्तिष्क में कोई संदेह नहीं है कि संसार की तरह भारत का परित्राण समाजवाद पर निर्भर है। भारत को दूसरे राष्ट्रों के अनुभव से सीखना चाहिए और लाभ उठाना चाहिए। किंतु भारत को अपनी आवश्यकताओं और परिस्थितियों के अनुकूल अपनी कार्य-प्रणाली विकसित करने में भी समर्थ होना चाहिए। किसी सिद्धांत को व्यवहार में लाते समय आप इतिहास और भूगोल को असंगत घोषित नहीं कर सकते। अगर आप ऐसा करते हैं तो असफल ही होंगे। इसलिए भारत को समाजवाद के अपने प्रकार को विकसित करना चाहिए। जबकि सारा जगत् समाजवादी प्रयोगों में व्यस्त है, हम भी ऐसा क्यों नहीं कर सकते?

समाजवाद के उस प्रकार में, जो भारत विकसित करेगा, कुछ नया और मौलिक होगा, जो संपूर्ण विश्व के लिए लाभदायक भी होगा।

—ऑल इंडिया ट्रेड यूनियन कांग्रेस में अध्यक्षीय भाषण
(कलकत्ता 4 जुलाई, 1931)

❊ ❊ ❊

समाजवाद की नई धारणाएँ पश्चिम से भारत की ओर गतिशील हो रही हैं और वे अनेक व्यक्तियों के विचारों को आंदोलित कर रही हैं, किंतु समाजवाद की धारणा इस देश के लिए कोई नई बात नहीं है। हम इसे इसलिए आदर दे रहे हैं, क्योंकि हमने अपने इतिहास के सूत्र को खो दिया है। किसी भी विचारधारा को त्रुटिरहित और पूर्णतः सही मानना उचित नहीं है। हमें नहीं भूलना चाहिए कि कार्ल मार्क्स के मुख्य अनुयायी रूस ने भी इस विचारधारा का अंधानुकरण नहीं किया। अपने सिद्धांतों पर लागू करने में कठिनाई देखकर उन्होंने ऐसी आर्थिक नीति ग्रहण की, जो व्यक्तिगत संपत्ति और व्यापारिक कारखानों के स्वामित्व के अधिग्रहण की विरोधी नहीं थी। इसलिए हमें अपने आदर्शों और अपनी आवश्यकताओं के अनुसार समाज और राजनीति को आकार देना चाहिए। प्रत्येक भारतीय का यही उद्देश्य होना चाहिए।

—रंगपुर राजनैतिक सम्मेलन में अध्यक्षीय भाषण (30 मार्च, 1929)

❊ ❊ ❊

समाजवादी गणतंत्र

मैं भारत में समाजवादी गणतंत्र चाहता हूँ। मुझे पूर्ण, समग्र और अमंद स्वतंत्रता का संदेश देना है। जब तक कि आधारभूत या क्रांतिकारी तत्त्वों को आंदोलित नहीं किया जाता, तब तक हम स्वतंत्रता प्राप्त नहीं कर सकते, और हृदय से आकर, सीधे हृदय तक पहुँचनेवाले एक नए संदेश द्वारा प्रेरित किए बिना, उन क्रांतिकारी तत्त्वों को अपने बीच उत्तेजित नहीं कर सकते।

—ऑल इंडिया नौजवान भारत सभा, कराची में अध्यक्षीय भाषण
(27 मार्च, 1931)

❋ ❋ ❋

समान अवसर

यदि हम भारत को वास्तव में महान् बनाना चाहते हैं, तो हमें प्रजातांत्रिक समाज के आधार पर राजनीतिक प्रजातंत्र की स्थापना करनी होगी। जन्म, जाति और संप्रदाय पर आधारित विशेष सुविधाएँ समाप्त होनी चाहिए तथा जाति, मत एवं धर्म से निरपेक्ष होकर सबको समान अवसर दिए जाने चाहिए।

—महाराष्ट्र प्रांतीय कॉन्फ्रेंस, पूना के अध्यक्षीय पद से भाषण
(3 मई, 1928)

❋ ❋ ❋

सम्मान

मेरे लिए मेरे जीवन का बहुत मूल्य है, परंतु सम्मान मुझे उससे भी अधिक प्रिय है। अत: मैं अपने जीवन के लिए उन पवित्र और अलंघ्य अधिकारों का, जो भविष्य में भारत के राजनीतिक निकाय का आधार होंगे, सौदा नहीं कर सकता।

—पत्रावली, पृ.237

❋ ❋ ❋

सर्वस्व बलिदान करो

एक भारतीय के रूप में मैं सदैव हिंदुस्तान की आजादी के लिए लड़ता रहा हूँ। मैं उम्मीद करता हूँ कि सारे भारतीयों को; चाहे वे कहीं भी हों, भारत की मुक्ति के लिए अपना सर्वस्व न्योछावर कर देना चाहिए। प्रत्येक भारतीय को साहस के साथ

लड़ना चाहिए। भारत के प्रत्येक पुत्र को इस दृढ़ विश्वास के साथ लड़ना चाहिए कि हमारे पूर्वजों की मुक्ति का दिन करीब है।

—आजाद हिंद रेडियो, जर्मनी से प्रसारण (23 अप्रैल, 1942)

❊ ❊ ❊

सविनय अवज्ञा आंदोलन

स्वतंत्रता के संघर्ष के विकास की दिशा में भारत ने एक नया प्रयोग आजमाया—सविनय अवज्ञा अहिंसात्मक विरोध—जिसके सर्वोत्तम प्रवर्तक महात्मा गांधी थे। यद्यपि व्यक्तिगत रूप से मेरा यह विश्वास है कि यह पद्धति हमको पूर्ण स्वाधीनता दिलाने में सफल नहीं होगी, फिर भी इसमें कोई संदेह नहीं है कि इसने भारतीय जनता को जाग्रत्, संगठित करने और विदेशी सरकार के विरुद्ध प्रतिरोधात्मक आंदोलन को जारी रखने में भी सहायता दी है।

—टोकियो विश्वविद्यालय के छात्रों को संबोधन (नवंबर, 1944)

❊ ❊ ❊

सहिष्णुता

व्यापकतर सहिष्णुता के लिए हमेशा गुंजाइश होनी चाहिए।

—आत्मकथा, अध्याय-10

❊ ❊ ❊

सांप्रदायिक सद्भाव

विभिन्न धार्मिक समूहों का एक-दूसरे की परंपराओं, आदर्शों और इतिहास से परिचित होना आवश्यक है, क्योंकि सांस्कृतिक आत्मीयता से सांप्रदायिक शांति और समन्वय का मार्ग प्रशस्त होगा। मेरा तो यह भी विचार है कि सांस्कृतिक समन्वय ही विभिन्न समुदायों में एकता का मूल आधार है।

—महाराष्ट्र प्रांतीय कॉन्फ्रेंस, पूना के अध्यक्षीय पद से भाषण (3 मई, 1928)

❊ ❊ ❊

सांप्रदायिक समस्या

मुझे पूरा यकीन है कि हिंदू-मुसलिम समस्या ऐसी नहीं है, जिसका समाधान न हो सके। किंतु इसका समाधान तभी होगा, जब हम व्यावहारिक और ठोस मुद्दों पर ध्यान केंद्रित करें और उन मुद्दों पर अपना समय और शक्ति बरबाद न करें, जो

स्वरूप में सैद्धांतिक अथवा अमूर्त है। हिंदू और मुसलिमों के बीच सहयोग की भावना जहाँ कहीं भी तुरंत संभव है, भावी सहयोग के क्षेत्र को अनिवार्य रूप से विस्तृत करेगी।

—क्रास रोड्स, पृ. 342

❋ ❋ ❋

साधन

तुम्हारे पास जो भी साधन हैं, उनको लेकर तुम एक दार्शनिक सिद्धांत का निर्माण करो, जिससे तुम अपने जीवन की समस्त वर्तमान गतिविधियों को समन्वित कर सको। फिर उस दर्शन के अनुसार आगे बढ़ो।

—मित्र हेमंतकुमार सरकार को पत्र (19 सितंबर, 1915)

❋ ❋ ❋

साधना

साधना का लक्ष्य है, एक ओर तो वासनाओं का नाश करना और दूसरी ओर सद्वृत्तियों का विकास करना। वासनाओं के नष्ट होते ही दिव्य भावों से हृदय परिपूर्ण हो जाएगा और हृदय में दिव्य भावों के प्रवेश करते ही समस्त दुर्बलताएँ भाग जाएँगी।

—श्री हरिचरण बागची को पत्र (1926)

❋ ❋ ❋

साधना की स्थिति में मनुष्य को ऐसा जीवन व्यतीत करना पड़ सकता है कि वह बाहर से स्वार्थी दिखाई दे। परंतु उस दशा में मनुष्य विवेक-बुद्धि से प्रेरित होता है, अन्य लोगों के विचारों से नहीं। जब साधना का परिणाम सामने आता है, तभी लोग स्थायी रूप से उस पर विचार करते हैं। इस आधार पर यदि आत्म-विकास के वास्तविक मार्ग को ग्रहण किया जाता है तो लोकमत की उपेक्षा की जा सकती है।

—श्री दिलीपकुमार राय के नाम पत्र (9 अक्तूबर, 1925)

सामाजिक परिवेश

मुझे इसके सिवा और कोई रास्ता नहीं दिखाई देता कि हम जिस घरेलू और सामाजिक परिवेश में जन्मे हैं, उसका पूरा फायदा उठाएँ।

—मित्र हेमंतकुमार सरकार को पत्र (1917)

❋ ❋ ❋

सामान्य व्यक्ति

सामान्य व्यक्ति में वह आदर्शवाद नहीं होता, जिससे प्रेरित होकर वह किसी ऐसे जीवन की कल्पना कर सके, जो सामान्यत: जिए जानेवाले जीवन से भिन्न हो।

—भाई शरतचंद्र बोस को पत्र (16 फरवरी, 1921)

❋ ❋ ❋

साम्यवाद

साम्यवाद में जो कमी है, वह यह है कि यह राष्ट्रीय भावनाओं का मूल्य नहीं समझता। भारत में हम एक प्रगतिशील व्यवस्था को अपनाना चाहेंगे, जो समस्त जनता की सामाजिक आवश्यकताओं को फलीभूत करेगी और राष्ट्रीय भावना पर आधारित होगी। दूसरे शब्दों में यह राष्ट्रवादिता और समाजवाद का समन्वित रूप होगा।

—टोकियो विश्वविद्यालय के छात्रों को संबोधन (नवंबर, 1944)

❋ ❋ ❋

साम्राज्यवाद

प्रत्येक साम्राज्य 'फूट डालो और राज्य करो' की नीति पर आधारित होता है; किंतु मुझे संदेह है कि विश्व में किसी दूसरे साम्राज्य ने इस नीति को इतनी कार्यकुशलता, क्रमबद्धता और निष्ठुरता से न अपनाया होगा, जितना कि ग्रेट ब्रिटेन ने।

—हरिपुरा कांग्रेस में अध्यक्षीय भाषण (19 फरवरी, 1938)

❋ ❋ ❋

साम्राज्यवादी

एक पुराना साम्राज्यवादी मस्तिष्क सदैव लीक में काम करता है। उसे कभी नया मार्ग नहीं सूझता। यही कारण है कि जब एक बार साम्राज्यवाद का अपक्षय होने लगता है तो इसके पतन को रोकना मुश्किल हो जाता है। लोगों को यहाँ आस्ट्रो-हंगेरियन साम्राज्य का स्मरण होगा, जो विश्वयुद्ध की समाप्ति पर ताश के पत्तों से बने मकान की तरह ढह गया। *—क्रास रोड्स, पृ. 305*

❋ ❋ ❋

सिद्धांत

मैं इस निष्कर्ष पर पहुँचा हूँ कि हमारे सामूहिक जीवन के आधार पर निर्माण

करनेवाले सिद्धांत न्याय, समानता, स्वतंत्रता, अनुशासन और प्रेम हैं। इसलिए समानता को निरापद करने के लिए हमें सभी प्रकार के बंधन—सामाजिक, आर्थिक और राजनीतिक—छोड़ देने चाहिए और हमें पूर्णतया स्वतंत्र हो जाना चाहिए।

—ऑल इंडिया नौजवान भारत सभा, कराची से अध्यक्षीय भाषण (27 मार्च, 1931)

❋ ❋ ❋

सुख और शांति

यदि हृदय में सुख और शांति नहीं है तो किसी भी दशा में (बाह्य अभाव दूर हो जाने पर भी) मनुष्य सुखी नहीं रह सकता। *—श्री हरिचरण बागची को पत्र (1926)*

❋ ❋ ❋

सेना

जिस फौज की साहस, निडरता और अजेयता की परंपरा न हो, वह ताकतवर दुश्मन पर हावी नहीं हो सकती।

—आजाद हिंद फौज के सैनिक-निरीक्षण पर दिया गया भाषण (5 जुलाई, 1943)

❋ ❋ ❋

सेवा

अपने पास जो उत्कृष्टतम वस्तु हो, उसका दान देना ही सच्ची सेवा है। हमारी अंत:प्रकृति, हमारा धर्म जब सार्थकता प्राप्त कर सके, तभी हम वास्तविक सेवा के अधिकारी बनते हैं। *—श्री दिलीपकुमार राय को पत्र (9 अक्तूबर, 1925)*

❋ ❋ ❋

मेरी प्रभु से प्रार्थना है कि मैं संपूर्ण जीवन दूसरों की सहायता में बिता सकूँ।

—माता प्रभावती देवी को पत्र (सन् 1912-13)

❋ ❋ ❋

हमें चौरासी योनियों में भटकने के बाद यह मनुष्य जीवन मिला है। हमें बुद्धि, चेतना, आत्मा जैसे गुण मिले हैं, लेकिन अगर इन सबके होते हुए भी हम पशुओं के समान खाने और सोने से ही संतुष्ट रहें; अगर हम अपनी इंद्रियों के दास बने रहें; अगर

हम केवल अपनी चिंता करें और पशुओं के समान नैतिकता से शून्य जीवन जिए, तो मनुष्य के रूप में हमारे जन्म लेने की क्या सार्थकता है? केवल वही जीवन जीने-योग्य है, जो दूसरों की सेवा के लिए समर्पित हो।

— माता प्रभावती देवी को पत्र (सन् 1912-13)

❊ ❊ ❊

सेवा-कार्य

जब तक गाँव में दूसरों के दुःख के प्रति संवेदना और सहानुभूति नहीं जगती, तब तक सेवा-कार्य संभव नहीं हो सकता। संभव होने पर भी वह सार्थक नहीं हो सकता।

— श्री दिलीपकुमार राय के नाम पत्र (9 अक्तूबर, 1925)

❊ ❊ ❊

सैनिक

एक सच्चे सैनिक को सैन्य और आध्यात्मिक दोनों प्रशिक्षणों की जरूरत होती है। आप सबको स्वयं और अपने साथियों को इस प्रकार प्रशिक्षित कर लेना चाहिए कि हर एक सैनिक अपने-आपमें असीम विश्वास पैदा कर ले। उसमें ऐसी चेतना आ जाए कि वह दुश्मन से कहीं श्रेष्ठ है। मृत्यु से भय चला जाए और आवश्यकता पड़ने पर किसी भी संकटकाल में वह अपनी जान की बाजी लगाने तक प्रयत्नशील रहे। इस युद्ध के दौरान आपने खुद ही देखा होगा कि साहस, निडरता और गतिशीलता के संयोग से वैज्ञानिक प्रशिक्षण कितना चमत्कार पैदा कर देता है। इस उदाहरण से आप अधिक-से-अधिक जो भी शिक्षा ले सकते हों, लें, और भारतमाता के लिए उच्च कोटि की आधुनिक सेना तैयार करें।

—दिल्ली चलो, दिल्ली चलो (5 जुलाई, 1943)

❊ ❊ ❊

सैनिक होने के नाते आपको निष्ठा, कर्तव्य और बलिदान के तीन आदर्शों को सँजोए रखना होगा और उनका पालन करना होगा। जो सैनिक देशभक्त होते हैं और प्राणोत्सर्ग के लिए सदा तत्पर रहते हैं, वे अजेय होते हैं। अगर आप भी अजेय होना चाहते हैं तो इन तीन आदर्शों को हृदय के अंदर अंकित कर लें।

—दिल्ली चलो, दिल्ली चलो (5 जुलाई, 1943)

❊ ❊ ❊

सैनिक शक्ति

अगर भारत को एक आधुनिक, सभ्य राष्ट्र होना है तो उसे इसकी कीमत चुकानी होगी और वह किसी भी प्रकार भौतिक, यानी सैनिक समस्या से बच नहीं सकता। जो लोग देशोद्धार के काम में लगे हुए हैं, उन्हें नागरिक और सैनिक—दोनों ही प्रकार के प्रशासन का भार ग्रहण करने के लिए तैयार रहना होगा। राजनीतिक स्वाधीनता अविभाज्य है और उसका अर्थ है विदेशी नियंत्रण और स्वामित्व से संपूर्ण मुक्ति। विश्वयुद्ध ने दिखा दिया है कि अगर किसी राष्ट्र के पास सैनिक शक्ति नहीं है, तो वह अपनी स्वाधीनता कायम रखने की आशा नहीं कर सकता।

—आत्मकथा, अध्याय-7

❊ ❊ ❊

सैनिकों से

आज आप भारत के राष्ट्रीय गौरव के संरक्षक हैं और भारत की आशाओं और अभिलाषाओं के सजीव रूप हैं। इसलिए आप अपना व्यवहार ऐसा बनाइए कि आपके देशवासी आपको आशीर्वाद दें और भावी पीढ़ियाँ आप पर गर्व करें।

—आजाद हिंद फौज के सैनिक-निरीक्षण पर दिया गया भाषण
(5 जुलाई, 1943)

❊ ❊ ❊

स्वतंत्रता

मानवीय स्वतंत्रता की धारणा अब बदल गई है। प्राचीनकाल में भारतीयों के लिए स्वतंत्रता का अर्थ था—आध्यात्मिक स्वतंत्रता; त्याग, वासना, लालसा आदि से मुक्ति। लेकिन इस स्वतंत्रता के अंतर्गत राजनैतिक और सामाजिक बंधनों से मुक्ति भी शामिल थी।

—मित्र हेमंतकुमार सरकार को पत्र
(26 सितंबर, 1915)

मेरा दृढ़ विश्वास है कि ब्रिटिश नृशंसता का शस्त्रबल से विरोध करने पर ही भारत माँ को आजाद किया जा सकता है और अपना रक्त बहाए बिना भारतीय भारत को मुक्त नहीं कर सकते। अपना रक्त बहाए बिना प्राप्त की गई स्वतंत्रता वास्तविक

स्वतंत्रता नहीं होगी। हमने अपने शत्रु ब्रिटेन से अपनी पूर्ण शक्ति के साथ लड़ने का दृढ़ निश्चय किया है।

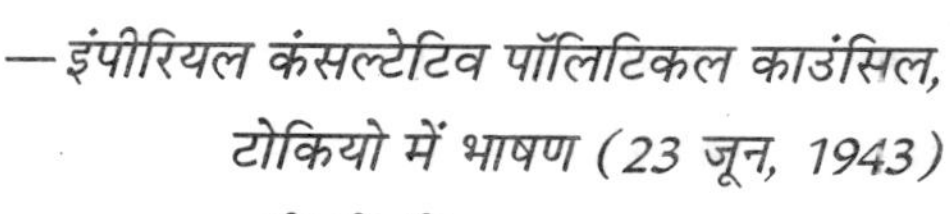
—इंपीरियल कंसल्टेटिव पॉलिटिकल काउंसिल,
टोकियो में भाषण (23 जून, 1943)

स्वतंत्रता अनिवार्य

हमारे शासकों और हमारे स्वयं नियुक्त सलाहकारों की प्रतिदिन यह भाषण देने की आदत बन गई है कि हम स्वराज्य के लिए अयोग्य हैं। कुछ कहते हैं कि स्वतंत्र हो सकने से पहले हमें और अधिक शिक्षित होना चाहिए। दूसरे विचार प्रकट करते हैं कि सामाजिक सुधारों को राजनैतिक सुधारों के आगे-आगे चलना चाहिए; फिर अन्य तर्क देते हैं कि औद्योगिक विकास के बिना भारत स्वराज्य के योग्य नहीं हो सकता। इन वक्तव्यों में से कोई भी सत्य नहीं है। वस्तुतः यह कहना अधिक ठीक होगा कि राजनीतिक स्वतंत्रता के बिना, ऐसी शक्ति के बिना, जिससे हम अपने भाग्य को रूप दे सकें—न तो हम अनिवार्य निःशुल्क शिक्षा दे सकते हैं, न सामाजिक सुधार अथवा औद्योगिक विकास कर सकते हैं।

— महाराष्ट्र प्रांतीय कॉन्फ्रेंस, पूना में अध्यक्षीय भाषण
(3 मई, 1928)

❋ ❋ ❋

स्वतंत्रता-आंदोलन

आधुनिक भारत की मुक्त आत्मा अपने को क्रियाशीलता में व्यक्त करना चाहती थी, परंतु एक ओर राज्य के द्वारा और दूसरी ओर समाज के द्वारा स्वयं को शृंखलाओं में आबद्ध पाती थी, तब भारतीय लोगों की राजनीतिक और सामाजिक मुक्ति के लिए आंदोलन प्रारंभ हुआ। इस आंदोलन के लिए भी हमारी धरती उतनी ही उपजाऊ थी, जितनी कि आधुनिक भारत के नवनिर्माण और पुनर्जागरण के लिए।

—क्रास रोड्स, पृ.202

❋ ❋ ❋

स्वतंत्रता का अधिकार

मैं केवल यही कहना चाहूँगा कि भारत की जागी हुई जनता स्वयं सहायता

और आत्मनिर्भरता के तरीके को, जन-संगठन और जन-संघर्ष के तरीके को, जिसमें जिसको सफलता प्रदान की है और जो कि उसको और भी सफलता की ओर ले जाएगा, नहीं छोड़ सकती। और इससे बढ़कर वह स्वतंत्रता के अपने जन्मसिद्ध अधिकार को बिदेशी साम्राज्यवाद के साथ एक अनैतिक सौदेबाजी के कारण नहीं छोड़ सकती।

—क्रास रोड्स, पृ. 203

❋❋❋

स्वतंत्रता का अर्थ

स्वतंत्रता एक ऐसा शब्द है, जिसके विभिन्न अभिधार्थ हैं और हमारे देश में भी स्वतंत्रता की अवधारणा का तात्पर्य विकास की प्रक्रिया है। स्वतंत्रता से मेरा तात्पर्य है, सर्वतोमुखी स्वतंत्रता। व्यक्ति के अलावा समाज के लिए स्वतंत्रता, धनी के साथ निर्धन के लिए स्वतंत्रता, आदमी के साथ महिलाओं के लिए स्वतंत्रता, सभी वर्गों के लिए स्वतंत्रता। इस स्वतंत्रता का तात्पर्य मात्र राजनीतिक बंधनों से मुक्ति नहीं है वरन् इसका तात्पर्य है, धन का समान बँटवारा, जातिगत अवरोधों और सामाजिक असमानताओं की समाप्ति, सांप्रदायिकता और धार्मिक असहिष्णुता का विनाश। यह आदर्श है, जो कठोर विचारवाले नर-नारियों के लिए स्वप्नदर्शी प्रतीत हो सकता है, किंतु मात्र यही आदर्श आत्मा की भूख को शांत कर सकता है।

—स्टूडेंट कॉन्फेंस, लाहौर में अध्यक्षीय भाषण

(16 अक्तूबर, 1929)

❋❋❋

स्वतंत्रता का प्रयत्न

एकमात्र कारण यह है कि मैं भारत की स्वतंत्रता के लिए क्यों प्रयत्नशील हूँ और क्यों यह विश्वास करता हूँ कि स्वतंत्र राष्ट्र के रूप में हमारा भविष्य गौरवशाली होगा, मैं यह विश्वास करता हूँ कि स्वतंत्र व्यक्तियों के रूप में जीवित रहने की, राष्ट्र के रूप में विकास करने की हमारे भीतर पर्याप्त कार्य शक्ति शेष है।

—टोकियो विश्वविद्यालय के छात्रों को संबोधन

(नवंबर, 1944)

❋❋❋

स्वप्न

जिन स्वप्नों से छुटकारा पाना सबसे कठिन होता है, वे सैक्स-संबंधी होते हैं। इसका कारण यह है कि काम-वासना मनुष्य की एक सबसे अधिक सशक्त वृत्ति होती है, और कामोत्तेजना कुछ निश्चित अवधियों में फिर-फिर लौटती है, अतः तत्संबंधी स्वप्न भी समय-समय पर आते रहते हैं। फिर भी, उनसे कम-से-कम आंशिक छुटकारा पाना अवश्य संभव होता है; कम-से-कम मेरा तो यही अनुभव रहा है। इसका तरीका यह है कि मन के परदे पर उस दृश्य की कल्पना की जाए, जो उत्तेजना पैदा करता हो, और अपने आपसे बार-बार कहा जाए कि उससे अब मुझे कोई उत्तेजना अनुभव नहीं होती, और यह कि अब मैंने काम-वासना पर विजय प्राप्त कर ली है।

—आत्मकथा, अध्याय-8

हमें उन स्वप्नों पर भी विचार करना होगा, जिन्हें देखकर बच्चे प्रायः नींद में चौंक उठते हैं और जिनका प्रभाव उन पर शेष रहता है। स्वप्नों के मनोविज्ञान और संरचना की जानकारी होने से अभिभावक अथवा शिक्षक को शिशु-मन को समझने में सहायता मिलेगी और इससे वे उन अस्वस्थ प्रभावों को दूर कर सकेंगे, जिनसे वह परेशान हो रहा होगा।

—आत्मकथा, अध्याय-5

स्वभाव

भिखारियों का सा स्वभाव एक दिन में नहीं बदला जा सकता। यदि तुम सोचते हो कि एक दिन में भिखारियों की प्रवृत्ति परिवर्तित की जा सकती है, तो तुम्हें निराश ही होना पड़ेगा। समाज-सेवा के लिए बहुत धैर्य रखना पड़ता है।

—श्री हरिचरण बागची के नाम पत्र

(3 जुलाई, 1925)

स्वराज्य

जब तक भारतीय जनता संयुक्त होकर दुश्मन का सामना नहीं करती, तब तक

वह कभी स्वराज्य प्राप्त नहीं कर सकती और यदि पा भी ले तो सुरक्षित नहीं रख सकती।

—गांधी-जन्मदिन पर बैंकाक से प्रसारण (2 अक्तूबर, 1943)

❋ ❋ ❋

स्वातंत्र्य

अनेक व्यक्ति सोच सकते हैं कि स्वराज्य-युद्ध के हमारे प्रयत्न व्यर्थ चले गए हैं, परंतु कोई भी उद्देश्यपूर्ण प्रयत्न कभी असफल नहीं होता। गत पच्चीस वर्षों के आंदोलनों के परिणास्वरूप हमने आत्मसम्मान और आत्मविश्वास प्राप्त किया है। देश को क्रमश: संगठित किया गया है और धरती पर कोई ताकत नहीं है, जो हमें जन्मसिद्ध अधिकार से वंचित कर सके।

—रंगपुर राजनैतिक सम्मेलन में अध्यक्षीय भाषण (30 मार्च, 1929)

❋ ❋ ❋

भारत की आजादी का आखिरी युद्ध शुरू हो गया है। अब आजाद हिंद फौज की टुकड़ियाँ भारतीय भूमि पर बहादुरी से लड़ रही हैं, और दिक्कतों के बावजूद और दु:खों से धीरे-धीरे, लेकिन लगातार आगे बढ़ रही हैं। यह सशस्त्र संघर्ष तब तक चलता रहेगा, जब तक कि आखिरी अंग्रेज तक को निकाल बाहर नहीं किया जाता और जब तक कि हमारा तिरंगा राष्ट्रीय झंडा गर्व से नई दिल्ली के वायसराय भवन पर नहीं फहराता।

—गांधीजी को संदेश (6 जुलाई, 1944)

❋ ❋ ❋

स्वाधीनता का लक्ष्य

यदि आप दासता की मनोवृत्ति पर विजय प्राप्त करना चाहते हैं तो आप अपने देशवासियों को पूर्ण स्वराज्य के लिए उत्साहित करके ही ऐसा कर सकते हैं। मैं तो इससे भी आगे बढ़कर कहता हूँ कि यदि यह भी मान लिया जाए कि हम अपनी इच्छाओं व आशाओं को कार्यरूप में परिणत नहीं कर पाएँगे तो भी इस पावन संदेश को ईमानदारी से मात्र प्रसारित करने तथा अपने देशवासियों के सम्मुख स्वाधीनता के लक्ष्य को रखने में हम एक नई पीढ़ी का सृजन कर सकेंगे।

—कलकत्ता अधिवेशन में भाषण (दिसंबर, 1928)

❋ ❋ ❋

स्वामी विवेकानंद

मैं उस समय मुश्किल से पंद्रह वर्ष का था, जब विवेकानंद ने मेरे जीवन में प्रवेश किया। इसके परिणामस्वरूप मेरे भीतर एक उथल-पुथल मच गई, एक क्रांति घटित हुई। स्वामीजी को समझने में तो मुझे काफी समय लगा, लेकिन कुछ बातों की छाप मेरे मन में शुरू से ही ऐसी पड़ी कि कभी मिटाए नहीं मिट सकी। विवेकानंद अपने चित्रों में और अपने उपदेशों के जरिए मुझे एक पूर्ण विकसित व्यक्तित्व लगे। मैंने उनकी कृतियों में उन अनेक प्रश्नों के संतोषजनक उत्तर पाए, जो मेरे मन में उस समय घुमड़ रहे थे या जो अस्पष्ट थे और बाद में स्पष्ट होकर सामने आए।

—आत्मकथा, अध्याय-5

* * *

स्वामी विवेकानंद ने बंगाल के इतिहास में एक नया मोड़ दिया। उन्होंने बार-बार कहा कि मानव-निर्माण उनके जीवन का लक्ष्य है। मानव-निर्माण के कार्य में स्वामी विवेकानंद ने अपने अवधान को किसी विशेष संप्रदाय के लिए सीमित नहीं किया वरन् संपूर्ण समाज को अपनाया। उनकी जोशीली वाणी—'नया भारत कारखानों से तथा झोंपड़ियों और बाजारों से प्रस्फुटित होगा' आज भी बंगाल के प्रत्येक घर में निनादित हो रही है।

—रंगपुर राजनैतिक सम्मेलन (30 मार्च, 1929)

* * *

स्वास्थ्य

अगर किसी को कुछ स्थायी उपलब्धि करनी है तो उसे उस दिशा में वर्षों तक व्यस्त रहना होगा। क्योंकि एक या दो वर्षों में वैसा करना संभव नहीं होगा। इसलिए अगर तुम देश के लिए कुछ स्थायी कार्य करना चाहते हो तो तुम्हें इस ढंग से चलना होगा कि तुममें कई वर्ष तक काम करने की क्षमता बनी रहे। यह सच है कि कोई नहीं कह सकता कि अंतिम प्रस्थान का क्षण कब आएगा, लेकिन फिर भी आत्महनन से या बूते से बाहर काम करके अपना स्वास्थ्य खराब करने से कुछ फायदा नहीं होगा।

—मित्र हेमंतकुमार सरकार को पत्र (19 जनवरी, 1920)

* * *

बहुत सी बातें मनुष्य के वश के बाहर हैं, लेकिन इसके बावजूद अपने स्वास्थ्य के प्रति उपेक्षा एक अपराध है—न केवल अपने प्रति, बल्कि औरों के तथा अपने देश के प्रति भी। अगर हमारे देश के युवक जन आरंभिक अवस्था में ही अपना स्वास्थ्य गँवा दें, तो कहना पड़ेगा कि उनके आदर्श में कहीं कुछ भूल या छोटापन है। तुम्हारा शरीर तुम्हारा अपना नहीं है, तुम तो केवल उसके न्यासी हो।

—मित्र हेमंतकुमार सरकार को पत्र (21 जनवरी, 1920)

स्वास्थ्य के नियम

आत्मा में भी यह क्षमता नहीं है कि वह शरीर को स्वास्थ्य के नियम का उल्लंघन करने की शक्ति दे सके। *—आत्मकथा, अध्याय-6*

❋ ❋ ❋

हस्तक्षेप

किसी को भी यह अधिकार नहीं है कि वह किसी दूसरे के जीवन-दर्शन में हस्तक्षेप करे या उसके विरुद्ध कोई बात कहे। लेकिन यह तभी संभव है, जब उस जीवन-दर्शन का आधार सच्चाई और सदाशयता हो।

—मित्र हेमंतकुमार सरकार को पत्र

❋ ❋ ❋

हिमालय

भारत में यदि कुछ अमूल्य और श्रेष्ठ है, कुछ गौरवपूर्ण है तो उस सबकी स्मृतियाँ हिमालय के साथ संबद्ध हैं।

—मित्र हेमंतकुमार सरकार को पत्र (19 अक्तूबर, 1915)

❋ ❋ ❋

हृदय

हृदय सदा ही हृदय का स्पर्श करता है।

—भाई शरतचंद्र बोस को पत्र (कटक)

❋ ❋ ❋

विविध

अगर किसी को विश्वास हो जाए कि किसी अन्य व्यक्ति की मानसिकता में

परिवर्तन हो गया है, तो उसे समझा–बुझाकर या जोर डालकर यह यकीन नहीं दिलाया जा सकता कि ऐसा नहीं हुआ है। ऐसी स्थिति में अगर कोई अपनी सफाई देने की जरूरत से ज्यादा कोशिश करता है, तो दूसरे लोग उससे उलटी बात पर विश्वास करने की ओर से भी दृढ़ प्रवृत्ति दिखाते हैं।

—मित्र हेमंतकुमार सरकार को पत्र (1917)

❋❋❋

अनेक विषयों में मनुष्य का जोर नहीं चलता, परंतु शरीर का ध्यान न रखना एक अपराध है। यह अपराध केवल अपने प्रति ही नहीं, अपितु देश के प्रति भी है।

—मित्र हेमंतकुमार सरकार को पत्र (21 जनवरी, 1920)

❋❋❋

इस निर्णायक घड़ी में जबकि हमारी आँखों के सामने ही इतिहास का निर्माण हो रहा है, हम सबके लिए सर्वाधिक आवश्यकता इस बात की है कि हम केवल भारत के बारे में ही सोचें, दलीय या जातीय हितों के बारे में नहीं। किसी भी व्यक्ति या दल का कोई भी बलिदान, यदि इससे भारत की मुक्ति का उद्देश्य पूरा होता हो, उसे अधिक बड़ा नहीं कहा जा सकता।

—क्रास रोड्स, पृ. 343

❋❋❋

कोई भी शक्ति निराशा में छिपी आशा को मिटा नहीं सकती, इसी से जीवन की मधुरता बनी रहती है।

—मित्र हेमंतकुमार सरकार को पत्र
(26 सितंबर, 1915)

❋❋❋

जब अंग्रेजों ने मांडले को अधिकार में लिया तो उन्होंने एक आदेश निकाला कि कोई भी भारतीय अभिवादन के रूप में 'जयहिंद' का प्रयोग नहीं करेगा, जिसका अर्थ है—'भारत की विजय'। इस आदेश का परिणाम यह हुआ कि मांडले में बाल–सेना के बालक–बालिकाएँ बाहर सड़कों पर आ गए और अंग्रेज अधिकारियों से उन्होंने 'जयहिंद' कहकर अभिवादन किया। हमारा संकेत यह है कि यदि हम बहादुरी के साथ लड़ते हैं और अपना रक्त बहाते हैं, तो हम न केवल उन देशवासियों

को प्रभावित करने में समर्थ होंगे, जो उदासीन और उत्साहहीन हैं, बल्कि हम शत्रुओं को प्रभावित करने में भी समर्थ होंगे।

—सिंगापुर से प्रसारण (24 जुलाई, 1945)

❋❋❋

जैसे साधन जुट पाएँ उन्हें लेकर ही काम करना चाहिए। जिस प्रकार जीवन दिए बिना जीवन नहीं मिलता, ठीक उसी प्रकार दिए बिना प्रतिदान में प्रेम नहीं मिलता। उसी प्रकार स्वयं मनुष्य बने बिना दूसरों को मनुष्य भी नहीं बनाया जा सकता।

—श्री हरिचरण बागची को पत्र (1926)

❋❋❋

जो चीज संसार की भलाई के लिए है, हम उसके विरुद्ध नहीं जा सकते।

—माता प्रभावती देवी को पत्र (1912-13)

❋❋❋

निर्धनता और बेरोजगारी की, अशिक्षा और बीमारी की, कर-पद्धति और ऋणग्रस्तता की समस्याएँ हिंदुओं, मुसलमानों और समाज के अन्य सभी वर्गों को समान रूप से प्रभावित करती हैं।

—क्रास रोड्स, पृ. 74

❋❋❋

प्रत्येक संप्रदाय तथा समवाय के इतिहास प्रायः समान होते हैं।

—मित्र हेमंतकुमार सरकार को पत्र
(26 सितंबर, 1915)

❋❋❋

भारतीय जनता को विश्वास हो गया है कि वाद-विवाद या तर्क, प्रचार और सत्याग्रह से स्वतंत्रता प्राप्त करने की आशा अब नहीं रही। बल्कि उनके लिए अधिक कारगर और शक्तिशाली तरीकों को अपनाना पड़ेगा।

—आजाद हिंद रेडियो, जर्मनी से प्रसारण (25 मार्च, 1942)

❋❋❋

मुझे सर्वाधिक सुख उस समय अनुभव होता है, जब मैं देखता हूँ कि गोरा मेरी सेवा कर रहा है और मेरे जूते साफ कर रहा है।

—मित्र हेमंतकुमार सरकार को पत्र (12 नवंबर, 1919)

❊ ❊ ❊

यदि प्रत्येक मनुष्य को संभव न हो तो कम-से-कम प्रत्येक परिवार को आज मातृभूमि के चरणों में अर्घ्य देना पड़ेगा।

—श्री शरतचंद्र बोस के नाम पत्र (6 अप्रैल, 1921)

❊ ❊ ❊

यह स्पष्ट हो जाना चाहिए कि हमारे आजीवन शत्रु से युद्ध करके और उन्हें भयंकर हार की चोट पहुँचाकर त्रिपक्षीय शक्तियाँ अप्रत्यक्ष रूप से हमारे राष्ट्रीय संग्राम की असाधारण रूप से सहायता कर रही हैं। यदि हमारे शत्रु पर इन शक्तियों द्वारा प्राणघातक चोट न की जाती तो मुक्ति प्राप्त करने का हमारा कार्य आज की अपेक्षा सौ गुना अधिक कठिन हो जाता। हम इसके लिए कृतज्ञ हैं, किंतु हम उससे भी अधिक कृतज्ञ हैं कि त्रिपक्षीय शक्तियाँ न केवल हमें अप्रत्यक्ष सहायता दे रही हैं, अपितु हमारे स्वतंत्रता-संघर्ष में सक्रिय सहयोग भी कर रही हैं।

मैं जानता हूँ कि मेरे कतिपय देशवासी, जो अंग्रेजी-संस्थाओं में तैयार किए गए हैं और अंग्रेजी-प्रचार से प्रभावित हुए हैं, वे त्रिपक्षीय शक्तियों की पात्रता में संदेह करते हैं। मैं अपने उन देशवासियों को कहूँगा कि वे मुझमें विश्वास रखें, क्योंकि शक्तिशाली ब्रिटिश सरकार, जिसने मुझे जीवन-भर उत्पीड़ित किया और ग्यारह बार जेल में डाला, मेरा हौसला नहीं तोड़ पाई। धरती पर कोई शक्ति ऐसा करने की आशा नहीं कर सकती, और यदि धूर्त, चालाक तथा साधन-संपन्न ब्रिटिश राजनीतिज्ञ मुझे फुसलाने और कलुषित करने में असफल हो गए तो और कोई ऐसा नहीं कर सकता।

—टोकियो से प्रसारण (24 जून, 1943)

❊ ❊ ❊

यौवन में जो भावनाएँ सब विघ्न-बाधाओं को हटाकर व्यक्त होना चाहती हैं, वही सब आयु बढ़ने पर रुक जाती हैं।

—मित्र हेमंतकुमार सरकार को पत्र (1917)

❊ ❊ ❊

हमने प्रजातंत्रात्मक युग में जन्म लिया है। प्रजातंत्रात्मक प्रभाव हमारे दिलों और दिमागों में है। यहाँ जोर-जबरदस्ती से कुछ भी कर पाना संभव नहीं।

—मित्र हेमंतकुमार सरकार को पत्र (26 सितंबर, 1915)

❋❋❋

हमारे दिमागों में तनिक सा भी संदेह नहीं है कि जब हम अपनी सेना के साथ भारतीय सीमाओं को पार करेंगे और अपने राष्ट्रीय ध्वज को भारत की धरती पर फहराएँगे, तब देश भर में वास्तविक क्रांति फूट पड़ेगी। क्रांति, जो अंततोगत्वा भारत से ब्रिटिश शासन को निकाल बाहर करेगी।

—आई.एन.आई. की कमान सँभालने पर (26 अगस्त, 1943)